「一目了然速读史」系列

3小时读懂南北朝

姜若木◎编著

一目了然速读历史故事
穿越时空见证文化传承

北京联合出版公司
Beijing United Publishing Co.,Ltd.

图书在版编目(CIP)数据

3小时读懂南北朝/姜若木编著.—北京:北京联合出版公司
2011.3(2022.2重印)

ISBN 978-7-5502-0195-8

Ⅰ.①3… Ⅱ.①姜… Ⅲ.①中国历史:古代史—南北朝时代—通俗读物 Ⅳ.①K239.09

中国版本图书馆CIP数据核字(2011)第044844号

3小时读懂南北朝

编　　著 姜若木
责任编辑 徐秀琴　　昝亚会
出版发行 北京联合出版公司
(北京市西城区德外大街83号楼9层　100088)
印　　刷 北京洲际印刷有限责任公司
开　　本 710×1000毫米　1/16
字　　数 168千字
印　　张 16.25
版　　次 2011年4月第1版
印　　次 2022年2月第2次印刷
书　　号 ISBN 978-7-5502-0195-8
定　　价 58.00元

若有质量问题，请联系：010-57230022

前言

纵观中国历史，大致是按照“盛世—衰世—乱世”这样的轨迹发展的。治乱循环不仅是中国历史发展的基本格局，也预示着乱世的发展变化。三国两晋南北朝是中国历史上第二次大乱世，而南北朝则已是处于这次乱世的后期。南北的局部统一使中国进入了真正意义上的南北分裂对峙时期。从公元420年刘裕废恭帝建宋起至公元589年隋灭陈的170年间，中国的南方进入南朝时期，先后有宋、齐、梁、陈四个朝代更替；北方则由鲜卑族建立的魏国于公元439年统一中国的北方，进入北朝时期。经北魏、东魏、北齐、西魏、北周几个朝代后，北周灭北齐统一北方，杨坚又代周于589年灭陈统一了全国。这期间，南北对峙，双方势力此消彼长，北伐和南征充斥其间，战乱不断。

但正如所说的乱世背后是一个治世，南北朝亦如此。南北的局部统一让世人看到了大一统的前兆，而民族间规模空前的大融合则是这时期最重要的特点。从十六国以来，侵入中原的北方少数民族不断被汉族文明同化，尤其是北魏孝文帝改革更是大大加速了这个过程，从而使汉族补充了新鲜的血液，扩大了汉族的基础，形成了一个全新的汉民族。范文澜说过：“隋唐时期居住在黄河流域的汉民族，实际是十六国以来北方和西北方许多落后民族与汉族融合而成的汉族。”这段时期，士族门阀势力开始衰弱，寒门庶族开始兴起，并不断发展壮大。南朝开国皇帝皆出身寒门，因此政要实权也委于寒门地主。虽然还不时出现士族凭优越地位打压寒门庶族，但已掩饰不住他们内心的恐惧和虚弱。

在经济上，经过南朝这段时期的发展，南方长江流域的经济水平已接近黄河流域，为中国经济格局的发展作出了重大的贡献，也为唐宋经济重心南移奠定了坚实的基础；北方均田制的实施稳定了经济的发展，并延续到唐中期方废除。

在文化上，北朝文化总的来说是不及南朝的，但也有其特点。这一时期佛教开始兴盛，南北双方的统治者都大力提倡佛教，使佛教在中国快速发展起来。而佛教文化也与中国传统的儒家、道家文化既相互斗争又相互融合、吸收，逐渐形成了儒、释、道互涉互补的文化格局，确立了儒、释、道在我国传统文化中的核心地位，对我国社会、文化发展影响深远。文学艺术中，南朝在五言诗、骈文、书法绘画、文学批评以及数学、天文学上取得了巨大的成就；北朝在佛教艺术上得到了充分发展，敦煌千佛洞、云冈石窟、龙门石窟等著名佛教石窟更是我国艺术宝库中的瑰宝，是劳动人民智慧和汗水的结晶。

总之，那个分裂、对峙、动荡的乱世是令人心痛的，而乱世透露出来的对生命的漠视更让我们心痛。但我们应当看到，即使在那个混乱的年代，社会仍在发展，文明仍在进步，为后来高度发达的唐宋文明作出了自己特殊的贡献。因此，我们编写了这本《3 小时读懂南北朝》，希望通过一些通俗生动的故事让人们去珍惜生命，珍惜和平盛世的可贵。望人们能够以史为鉴，寻求一条长治久安之道。

目录

南朝

北　朝

第二章　东魏、北齐：民族融合中的曲折

第三章　西魏、北周：改革中走向强盛

南　朝

第一章

刘宋：南朝最为强大的朝代

刘裕出身于贫苦人家，发迹于行伍。时值东晋末期，民变此起彼伏，朝廷内部斗争也十分激烈。刘裕依靠北府兵的力量，不仅消灭了桓玄的力量，还率军南征北伐，其势力不断得到稳固壮大，并先后攻灭刘毅、司马休之等实力派，最终迫使晋恭帝将帝位禅让给他，建立宋朝。历史也进入到了南朝，而刘宋不仅成为南朝第一个朝代，且是南朝疆域最大、国力最强的朝代。

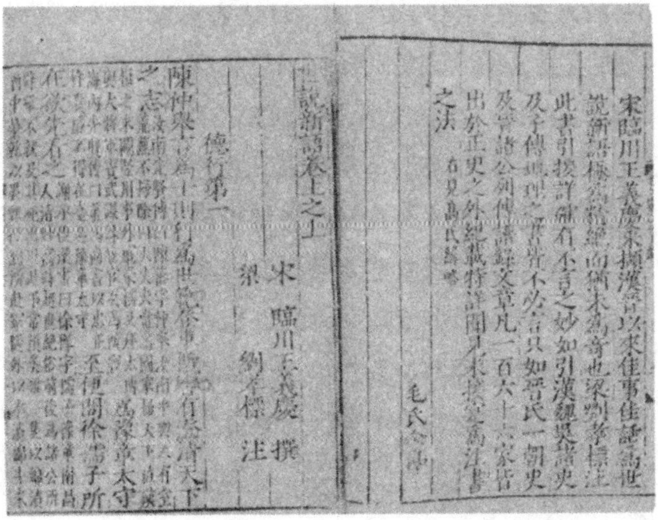
宋臨川王義慶采撷漢晉以來佳事佳話爲世
說新語極爲精絶而猶未爲奇也梁劉孝標注
此書引援詳確有不言之妙如引漢魏吳諸史
及子傳地理之書皆不必言只如晉氏一朝史
及晉諸公列傳譜錄文章凡一百六十六家皆
出於正史之外紀載特詳聞見未接實爲注書
之法
右見高氏緯略

世說新語卷上之上
宋 臨川王義慶 撰
梁 劉孝標 注
德行第一
陳仲舉言爲士則行爲世範登車攬轡有澄清天下
之志

一、刘裕篡晋建帝业

刘裕本为北府兵的一员将领，依靠自己手中的军事力量，通过镇压孙恩、卢循起义，消灭了桓玄的力量，后又大举北伐，逐渐掌握了东晋的实权，并最终于公元420年废晋帝自立，建国号为宋，成为南朝第一人。

1.镇压孙恩、卢循起义

刘裕，字德舆，小名寄奴，出身破落的低级士族，祖先是彭城人(今江苏徐州)，后来曾祖刘混时随晋室南迁，客居京口（今江苏镇江）。刘裕祖上本为西汉楚元王刘交的后裔，虽然也有过在朝显宦者，但到其父刘翘这一代时，家道已明显衰落了。刘翘一生仅居郡功曹（郡守属吏）职位，刘裕因家贫不能读书，从小务农，兼做樵夫、渔夫、小贩，又喜欢赌博，还曾因欠赌债被人绑在马桩上整治过，生活过得很艰辛。但这种特殊的经历使他既懂得民众的疾苦，又养成了敢于冒险的性格。长大后，刘裕加入了设在京口的军队——北府兵，开始了他的戎马生涯，最初为冠军将军孙无终的司马。而正是这支军队，后来成为刘裕争霸天下的最有力的工具。就是这样一个人，后来竟当上了开国皇帝，所以有人将此称为“寒人掌权”。

淝水之战后，东晋外部威胁暂时消除，孝武帝满足于偏安局面，摄政的会稽王司马道子专权，政刑谬乱，朝中党派林立，互相倾轧，朝政腐败，不断爆发流血斗争。浙东地区赋役苛重，新安太守（又为五斗米道教主）孙泰企图利用传道聚众反抗东晋朝廷，被司马道子诱杀。其侄孙恩逃入海岛翁州(今浙江舟山群岛)，聚众百余人，伺机复仇。隆安三年(399年)十月，孙恩乘朝廷强征“乐属”(晋廷征调浙东诸郡免奴为客者以充兵役)，引起浙东社会骚乱之机，登陆攻克上虞(今属浙江)，袭会稽(治山阴，今浙江绍兴)。十一月，俘杀会稽内史王凝之，自称征东将军，一时会稽、吴郡、吴兴、义兴、临海、永嘉、东阳、新安等八郡（今江苏、浙江境）纷起响应。旬日之间，义军发展至数十万人。晋廷急命卫将军谢琰、辅国将军刘牢之率领北府兵前往镇压。时刘裕在刘牢之手下任参府军事，也随军参战。十二月，刘牢之至吴，义军缘道屯结。刘牢之命刘裕率数十人侦察义军的行动，正遇义军数千人。刘裕迎上去攻击，率领的人都战死了，而刘裕斩杀了几个头领，使农民军不敢妄动，被呼而逐之，刘裕乘机追赶，又杀伤了数人。刘牢之之子刘敬宣见刘裕久去不返，怕被义军所困，便率兵寻找。却见刘裕一人驱逐数千名义军，众人叹息不已，刘敬宣遂率军出击，大破义军，斩获千余人，又乘胜追击。义军兵败，孙恩退回海岛。刘裕在其军事生涯的第一次作战中，便以勇猛的精神以少胜多，取得了辉煌的胜利，也在军事史上写下了传奇的一笔。隆安四年(400年)五月，孙恩从浃口(今浙江镇海东南甬江河口)登陆，攻克余姚(今属浙江)、上虞，进而进攻邢浦(今浙江绍兴东)、会稽，转攻临海，与晋军激战。卫将军谢琰被部下张猛杀死。谢琰的失败意味着东晋士族已无力控制局面。从此，北府兵权尽入刘牢之、刘裕等人的手中。十一月，晋宁朔将军高雅之大败，孙恩军追击至山阴。东晋朝廷大震，再命刘牢之统率北府兵、都督浙东五郡兵对义军反扑。孙恩为避其锋芒，再退入海岛。刘牢之屯上虞，派刘裕守句章城（今浙江宁波南鄞江南岸）。句章城小，士兵只有数百人。作战中，刘裕常身先士卒，冲锋陷阵。当时晋军军纪混乱，士卒暴掠，甚为百姓所苦。只有刘裕所率的部队号令明整，所到之处甚得百姓拥护。刘裕此时已受到刘牢之的赏识。隆安五年(401年)二月，孙恩第三次率义军自浃口登陆，攻句章，不克。刘牢之率晋军反击，孙恩退走入海。三月，孙恩攻海盐(今属浙江)。刘裕追而拒之，在海盐旧治筑城。孙恩来攻，城内兵力甚弱，刘裕乃选敢死之士数百人，脱甲胄，执短兵，击鼓而出。义军一时没有戒备，又不知刘裕真实意图，士气被夺，皆弃甲而逃，其将领姚盛被斩。刘裕虽屡破义军，但仍是寡不敌众。为此，刘裕于一天深夜令部下偃旗匿众，装出撤离的样子。翌日清晨，先让老弱病残者登城上镇守。义军不知刘裕底细，便向刘裕部下打听刘裕情况。部下故意回答说："夜已走矣。"义军轻信其言，争相入城。刘裕趁其无备，率军奋战，义军大败。孙恩知城不可破，乃向沪渎进军。刘裕遂弃城而追。海盐令鲍陋遣其子鲍嗣之率吴兵一千人，请为前锋。翌日，义军万余人与鲍嗣之部交战，刘裕率伏兵尽出，举旗鸣鼓，虚张声势。义军以为四面皆有伏兵，遂退军。鲍嗣之乘势追赶，战死。刘裕且战且退，义军兵盛，刘裕部死伤将尽。至伏兵处，刘裕令部下脱取死人的衣服，以示闲暇。义军见刘裕忽然停止不前，怀疑仍有伏兵，不敢进攻。刘裕趁义军迟疑之际，大呼而战，气色甚猛。义军以为中计，引军而退，刘裕则率军徐徐而归。五月，孙恩攻克沪渎，杀守将吴国内史袁崧，斩四千人。六月，乘胜沿长江而上，袭取丹徒，拥众十余万人，楼船千余艘，军容极盛。时晋廷兵力空虚，内外戒严，急调兵遣将防卫京师。刘牢之自山阴引兵攻打义军，但未至而义军已过山阴，便令刘裕自海盐驰援京师。时刘裕部不满千人，倍道兼行，与义军一起进抵丹徒。刘裕部兵少且疲，而丹徒守军也没有斗志。孙恩指挥数万义军抢占镇江之蒜山，刘裕率领所部奔击，大破之，投崖赴水死者甚众。孙恩失利，退至船上，欲恃其兵众，整兵直攻建康(今江苏南京)。晋后将军司马元显率军拒战，屡被打败。义军因战船高大，逆行慢，数日才进至白石垒(今南京市西)，贻误了战机，所以刘牢之等得以率军尾追而来。孙恩遂放弃攻建康，分兵袭取北岸之广陵(今江苏扬州西北)，杀三千人。孙恩率主力北取郁洲(今江苏连云港市东云台山，当时隔江在海中)，晋将高雅之被擒。八月，刘裕为建武将军、下邳太守，率水军追孙恩至郁洲，二军激战，孙恩又失利，损伤惨重，被迫沿海南撤。十一月，刘裕追孙恩至沪渎、海盐，又破之，斩俘无数，孙恩只得第四次撤回海岛。东晋下令严密封锁沿海，加强守备。义军给养不继，发生饥馑和灾疫，死者大半，元气大伤。为摆脱困境和继续发展，元兴元年(402年)三月，孙恩再率义军登陆攻临海(今浙江临海东南章安镇)，被临海太守辛景率军击溃，死伤惨重，孙恩恐被俘，投海自尽。

南北朝武士复原图

孙恩投海自尽后，其妹夫卢循率义军余部数千人仍然坚持战斗。桓玄攻进建康执掌东晋朝权后，为安抚浙东，以卢循为永嘉太守。卢表面受令，暗自扩展势力。五月，卢循入东阳(今浙江金华)，被刘裕击败(参见刘裕击桓玄之战年)。元兴二年(403年)，卢循派徐道覆率军进攻东阳、永嘉(今浙江温州)，又被刘裕击败。元兴三年十月，卢循攻克番禺(今广州市)、始兴(今广东韶关西南)，自称平南将军。刘裕平定桓玄之乱后控制了东晋的朝政，并于义熙元年(405年)四月任命卢循为广州刺史，卢循姐夫徐道覆为始兴相。义熙六年

(410年)春，卢循和徐道覆乘刘裕北伐南燕，后方空虚之时，实施北征。二人率军在始兴会合，然后分东西二路北上，进入湘州(治今长沙)与江州(治浔阳，今江西九江西南)诸郡，一路势如破竹，擒斩镇南将军何无忌，大败荆州刺史刘道规和豫州刺史刘毅等。义军十余万人，声威大震，逼近兵力不过数千人的建康，人心震恐。刘裕闻讯，自北伐前线急返京师，部署防卫。卢循优柔寡断，贻误战机，义军兵临建康近两月，兵疲粮乏，被迫于七月初南还。被刘裕追及，大败之。卢循率余部至番禺，但该城已被刘裕派人由海道袭取，遂于四月退至交州(今越南北宁省仙游东)，遭火攻兵败，投水自杀，起义失败。

2.消灭桓玄的力量

就在朝廷全力对付孙恩、卢循的时候，占据长江中上游军事重镇荆州的桓玄也乘机扩张势力。他先后吞并众多力量，占据了长江中游以西的广大地区，不久便挥戈东下，一举攻破晋都建康，杀司马元显，剥夺了刘牢之的兵权，让他的堂兄桓修代替。刘牢之害怕遭祸逃跑了，最后被逼得自缢身亡。这时，刘裕审时度势，决定暂时投靠桓玄，并韬光养晦，不惹事端。由于刘裕军功卓著，在北府旧部中颇有声望，因此桓玄也不敢无故加害于他。元兴三年（404年），桓玄废掉晋安帝，自立为皇帝，国号楚。桓玄称帝后，不仅变得骄奢昏淫，而且战争仍然不断，老百姓对此极为厌恶。刘裕看清了局势，与刘毅、何无忌等共谋反桓之事。从此，拉开了平定桓玄之乱的序幕。而此时的桓玄却希望用各种怀柔的手段来打消刘裕的不满情绪，但刘裕不为所动，一直在暗中做大量准备工作，加紧了起兵的步伐。不久，刘裕以旧伤复发为由与何无忌同船而回，密谋兴复晋室。元兴三年二月，刘裕以打猎为名，聚集一百多人首先在京口起兵，杀死桓修。刘毅也于广陵得手，诛桓修之弟桓弘。接着，众人推举刘裕为盟主，传檄四方，各地纷起响应。三月，刘裕率军与桓玄的骁将吴甫之在江乘(今江苏句容北)遭遇。桓玄的军队锐气正盛，刘裕却手执长刀，率先冲向敌阵，所向披靡，并杀掉吴甫之。不久，刘裕率军又追至罗落桥(今江苏南京东北)。皇甫敷率数千人在此迎战刘裕，宁远将军檀凭之与刘裕各率一部。檀凭之战死后，他的军队开始溃退，而刘裕却越战越勇，最后斩杀了皇甫敷。桓玄听到二将战死，大为惊恐，于是再次派遣桓谦及游击将军何澹之屯兵东陵(覆舟山东北)，侍中、后将军卞范之驻军覆舟山以西，兵力大约有两万人。刘裕命令部队吃饱后，扔掉剩下的粮食，轻装进至覆舟山以东，派老弱登山，布置了很多旗子做疑兵，迷惑桓玄。桓玄急调武卫将军庾赜之率精兵出援各军。桓谦的士兵多为北府人，素来就畏服刘裕，所以没有斗志。刘裕将军队分为数支队伍，突击桓谦军，他自己则身先士卒，将士无不死战，以一当百。当时正刮着东北风，刘裕于是借风纵火，桓谦大败。桓玄此时已无意再战，率其子侄乘船沿江南下。刘裕率军进入建康，并派人追击桓玄。刘裕入建康后，屯兵于石头城，重立晋新主在太庙中，以示自己是东晋的救世主，并诛杀桓氏宗族。第二年三月，刘裕迎安帝复位。为奖励刘裕再造晋室之功，安帝晋刘裕为侍中、车骑将军、都督中外诸军事，掌握朝政。这样，东晋的政治局势被刘裕牢牢掌握在手中，为他的篡晋迈出了最为坚实的一步。

3.刘裕北伐和东晋的最后灭亡

在东晋的历史上，也有一些人曾率军北伐过，但并非是他们声称的那样要收复失地，光复中原，实际上是把北伐当成了扩大自己势力、乘机获取政治资本的途径。刘裕北伐也意如此。所以，在刘裕掌握东晋大权后，为了树立自己的威望，也为了增加雄厚的政治资本，从义熙五年(409 年）开始带兵北伐，首先进行了一系列消灭割据势力的统一战争。他先后攻破南燕（今豫、鲁一带)，杀了南燕王慕容超，收复青州；攻克江陵，杀了割据者刘毅；攻取成都，灭了割据者谯纵；收复襄阳，赶跑了割据者司马休之。义熙十一年（415 年)，整个东晋都成了刘裕的势力范围。

第二年，刘裕见后秦国皇帝姚兴去世，幼主姚泓刚刚继位，国内发生内乱，认为时机成熟，便率领王镇恶、檀道济、沈田子等，兵分五路，水陆并进，大举北伐后秦。沈田子这路人马绕道南阳，势如破竹，直逼后秦都城长安。后秦皇帝姚泓亲率重兵迎战。在长安东南，后秦的数万军队将沈田子等一千余人围了个水泄不通，而沈田子毫无惧色，振臂高呼道："我们好不容易打到敌人的都城下，这时候不拼命，还要等到什么时候!"他带头向重围冲去，士兵们也群情激奋，个个奋勇争先，竟奇迹般把后秦大军冲杀得七零八落，并赶进城内。檀道济这一路所到之处，敌军更是望风而降，大军很快直抵洛阳。而且他还善于收买人心，不杀无辜之人，即使是俘获的敌兵也都释放回家，这样，他有效地瓦解了敌军，壮大了自己的力量。王镇恶一路进入敌境后，同样屡战屡胜，破虎牢关、栢谷坞，经渑池，会师洛阳。接着，攻打潼关要塞，被后秦守将姚绍挡住。王镇恶因军粮不足，向刘裕求援。刘裕接到报告后，急忙沿黄河往上游送粮，逆水重舟，行进十分缓慢。而北岸的北魏守军更是虎视眈眈，不时出来抢船劫粮。刘裕只好先调兵解决魏军，粮船才得以运到潼关。虽然这样耽误了不少时间，但幸亏王镇恶得到当地百姓的帮助，得以坚持到军粮的运达。恰好这时姚绍病死，代守潼关的姚瓒又得知刘裕兵到湖县（今河南老潼关东），知道大势将去，悄悄逃走了。

大军进潼关后，王镇恶率领水军乘坐蒙冲小舰从黄河入渭水，直抵渭桥。由于北方船只颇少，后秦军队见王镇恶的船舰外面没有人撑篙却逆流而行，吓得以为是天兵降临。王镇恶带兵在渭桥上岸，饱餐一顿后，便下令放开缆绳，任船舰随急流漂去。他指着长安城北门对兵士们说："我们现在离家万里，大家都看到衣物粮食已随船流走了，想回去是不可能的了，困在这里，没有衣服和粮食，也是死路一条。唯一的出路就是死战，攻进长安，立功受赏！怎么样?"大家齐声喊道："行!"由于士气旺盛，王镇恶率军很快把守桥秦军冲散，不久又把出城接应的姚泓打了回去。晋军一鼓作气，长安被攻陷。至此，姚泓投降，后秦宣告灭亡。

随后，刘裕率大军也赶到长安。不久听到京城有变，急忙班师回朝。回朝之前，刘裕让儿子刘义真和王镇恶、沈田子两将军一起镇守长安。但没料到王、沈二人素有嫌隙，刘义真又控制不住，晋军发生内讧，沈田子杀了王镇恶。义熙十四年（418 年），夏国首领赫连勃勃乘机发兵攻城，晋军抵挡不住，长安得而复失，只保得潼关以东地区。

尽管如此，这次北伐还是取得了东晋百年来最辉煌的战绩，刘裕因功而被封为宋王，权势更为稳固。两年后，刘裕在完成了一系列兴利除弊的军事、政治措施后，于公元 420 年逼晋帝退位让己，建国号为宋。东晋就这样灭亡了。

刘裕从一名低级军官逐渐发展到最后的刘宋开国皇帝，他的一生充满了传奇的经历，过程也令人惊心动魄。时势造英雄，刘裕也把握住了这个机遇，创立了刘氏宋朝。历史就这样进入了南朝。

二、元嘉之治

刘裕和他的儿子刘义隆统治时期的刘宋，是南朝国力最为强盛的时期。尤其是刘义隆在位的三十年间（424—453年），整顿吏治，重视农业生产，与民休养生息，生产力得到了极大的恢复。刘宋经济文化在这三十年得到较大发展，社会相对安定，被后世史书称为“元嘉之治”。

刘裕当了两年皇帝后，便因病去世了，终年六十岁。太子刘义符继位，是为宋少帝，当时仅十七岁，由谢晦、傅亮、徐羡之、檀道济四位大臣辅政。但因为少帝正值年少，喜欢游戏玩耍享乐，不喜欢亲理政事。群臣多次劝谏，他一概不听，甚至在宫中开设酒店，自充酒保，以为游戏。两年后，辅政的司空徐羡之、中书令傅亮、领军将军谢晦于景平二年（424年）五月废黜刘义符，迎立刘裕的第三子时任荆州刺史的刘义隆为帝，改元元嘉。刘义隆便是历史上著名的宋文帝。

刘义隆即位后，坚持宋武帝的集权政策，不能容忍大权旁落，大臣擅行废立，于是于元嘉三年铲除了专权大臣徐羡之、傅亮、谢晦等势力，从此政由己出，保证了中央集权的统治。这时他刚刚过二十岁，但已经显示出了卓越的政治素养。

刘义隆继承了父亲宋武帝刘裕的治国政策，极为重视农业生产。他深刻地认识到农为国本，是国家稳定的关键，只有让老百姓有地种、有饭吃、有衣穿，他们才不会起来反抗。他下令免除百姓欠政府的逋租宿债，又让官府贷款给买不起种子的贫苦农民，使他们能够及时下种，保证农业生产，并对地方上不重视农业、破坏农时的官吏进行重罚。宋文帝还亲自率领文武百官到京郊种田，以此树立重视农业生产的榜样。在他的一系列措施的促进下，老百姓也爆发了极大的热情，纷纷努力开荒种田，使农业生产很快得到了恢复。对发生灾荒的地方，文帝下令拨出官府储备的粮食去赈灾，保证了社会的稳定有序。为了防止地主过度侵吞农民的土地财产，变农民为农奴，文帝下诏清查户口，命令政府把农民和他们的土地登记在册，作为农民拥有土地的凭据，以防止大地主侵占农民的土地。同时，不仅减少税率而且要求按土地的多少缴纳租税，这样既增加了国家的财政收入，也相对减轻了无地和少地农民的负担，促进了社会经济的发展，保障了人民的生活稳定。

由于武帝出身于寒门，并非来自门阀士族，因此文帝在位时打击豪门势力，重用寒门，实行“土断”。他本人也提倡简朴，不崇尚奢华生活。他还很注重官员的素质修养，派人考察吏治，让有才能的人担任地方官吏，并严惩贪官污吏，使当时社会政治比较清明。另外，文帝重视儒学，多次下诏求取人才，以满足国家需求。他还重视商业，并不简单地把商业和农业对立起来，使宋境内商品经济有所恢复和发展，促进了经济的繁荣。

但是，元嘉之治并未能长久地维持下去。当时，在中国的北方新兴起来的鲜卑族势力北魏于公元439年统一了北方，与刘宋南北对峙。公元450年，北魏拓跋焘率十万大军进攻汝南，没有成功，只得返回。于是宋文帝乘机派王玄谟和柳元景分兵两路，又开始北伐，只因东路失利，而被迫退却。拓跋焘乘胜南下，追至江苏六合一带，所到之处，“村井空荒，无复鸣鸡吠犬”。元嘉之治就这样被断送了。

元嘉之治只存在了短短的三十年，但它却是整个南朝社会最安定繁荣的时期，在此期间英才辈出：“元嘉三大家”谢灵运、颜延之和鲍照，《世说新语》的作者刘义庆，《后汉书》的作者范晔，大科学家祖冲之，著名军事将领檀道济等。宋文帝刘义隆也因此被永远载入了史册。

三、“前见子杀父，后见弟杀兄”

从刘劭杀死他的父亲文帝刘义隆开始，二十多年的时间里，刘氏子弟们上演了一幕幕惨绝人寰的骨肉相残的惨剧，其惨烈程度为中国历史所罕见。而刘宋也在皇室内部的自相残杀中走向了衰亡。

其实，骨肉相残的悲剧根源说来还是在刘裕身上。一代枭雄为了使自己的江山永固，在险要之地皆委派自己的兄弟和儿子率重兵坐镇。而这些外藩诸王一旦拥有重兵，必然会威胁中央。文帝就担心藩王强大发生内乱，便委派太子刘劭戍守京城，仅太子邸就拥有卫士一万人。但他万万没有想到，太子刘劭会带兵闯入深宫弑父。刘劭弑父后自立，由于不得人心而众叛亲离。

文帝的三子刘骏见有机可乘，便以讨逆为名，率江豫荆雍四州重兵攻入京城，杀死刘劭及其四个儿子，同时也杀害了二哥及其三个儿子。刘骏起兵后，文帝的五弟刘义恭投奔刘骏的讨逆军，结果他的十二个儿子全被刘劭杀尽。刘骏称帝，即为历史上的孝武帝。在他在位的十年，先后将四弟刘铄、六弟刘诞、十弟刘浑、十四弟刘休茂全部杀害，又以谋反为名，杀害了他的六叔刘义宣一门。

刘骏死后，他年仅十六岁的儿子刘子业继位。刚继位，便向叔祖刘义恭开刀，将刘义恭父子五人全部杀害。至此，刘裕七子，除文帝一支，皆无孑遗。接着，他又将屠刀挥向手足兄弟，刘子鸾、刘子师先后被害。

刘子业对六个叔叔尤为仇恨，他命人抬来木槽，让他的叔叔刘彧脱光衣服，趴在槽里学猪吃饭，并以刘彧肥胖名为“猪王”，以八叔刘祎为“驴王”，以十二叔刘休仁为“杀王”，十三叔刘休佑为“贼王”，把他们都囚在竹笼里百般折磨。就在刘子业准备悉数杀害六个叔叔的前夜，宫中宿卫叛变，反而将刘子业杀死。

刘子业死后，刘彧被拥立为帝，是为明帝。明帝即位后，孝武帝刘骏的三个儿子刘子勋、刘子顼、刘子房联合起兵反叛。结果，兵败后都被刘彧诛杀。不久，孝武帝十二个儿子先后被明帝杀害。刘彧除将孝武帝诸子杀光，又将自己仅剩的五个弟弟杀掉了四个，其中还包括曾经救过他的命，并极力拥戴他为帝，在平定刘子勋叛乱中立下大功的刘休仁。原来，刘子业为帝时，刘彧被命名为“猪王”，受尽欺凌。一次，刘子业将刘彧手脚捆住，大笑着说：“今天我要杀猪。”刘休仁则说：“今天不是杀猪的日子。”刘子业问刘休仁为什么，刘休仁回答说：“皇后很快就要生太子了，到那时才是杀猪取肝的好日子。”于是，刘彧暂时保住了性命。但是即便如此，到刘彧势力稳固后，刘休仁仍逃不掉被杀害的命运。

明帝刘彧死后，他的儿子刘昱即位。刘昱即位后，马上便与唯一的叔叔刘休范兵戎相见，刘休范兵败身亡。此时，还有文帝的一个孙子刘景在世，生性温和恭顺，但刘昱仍不放心，随即将刘景也杀害了。此时，刘裕的子孙们已经没有互相杀戮的对象了，刘氏的统治力量也在相互攻伐中急剧衰弱。权臣萧道成先杀刘昱，后又杀傀儡皇帝刘准。刘宋就这样灭亡了。

点评

刘宋是南朝第一个朝代，也是整个南朝国力最为强盛的朝代，尤其是在刘裕和文帝刘义隆统治时期最为强大，还出现了少有的治世，虽然比较短暂，但不能否认两人是比较有作为的君主。但也正是从文帝开始，宋室开始了大规模的骨肉相残，其惨烈程度不禁令人扼腕叹息。当时的民谣也唱道："遥望建康城，小江逆流萦，前见子杀父，后见弟杀兄。"都说无情便是帝王家，在帝位这个巨大的利益面前，人类丑陋的一面展现无遗，抛弃了父子之情、兄弟之情、叔侄之情，只剩下人类本能的欲望在驱使着他们去掠夺，去占有，去杀戮。历史牢牢记住了这段血腥的历史，给后世的统治者以巨大的借鉴和警示。刘宋末帝刘准说："愿生生世世，再不生帝王家。"不仅道出了刘裕子孙们的心声，也引起后世人们的共鸣。

相关链接

宋武帝刘裕小传

刘裕(363—422年)，南朝中宋王朝的建立者，字德舆，小名寄奴，原籍彭城(今江苏徐州)。曾祖刘混东晋时渡江侨居京口，父亲刘翘曾官居郡功曹，早亡。刘裕少时生活贫困，以樵渔及贩履为生，曾为北府兵将领孙无终冠军府司马。隆安三年(399年)任前将军刘牢之的参军，随从镇压孙恩起义，累官建武将军、下邳太守。桓玄依仗父祖留下的力量，谋夺朝政，以讨伐司马道子、司马元显为名，入建康自立为楚王，并解除北府兵将领刘牢之等的兵权，提拔刘裕，以使镇压东南沿海的孙恩余众。刘裕对桓玄表面恭顺，内则团结北府将士伺机反抗。

桓玄逼晋安帝退位篡晋后，刘裕于元兴三年(404年)与刘毅、何无忌、檀凭之等二十七人自京口起兵，杀镇守京口的桓修，并于次年击溃桓玄。桓玄挟安帝退往江陵(今属湖北)，后为刘毅所统率的北府兵击垮。安帝回建康复位。刘裕因平乱立下大功，官居侍中，晋号车骑将军、开府仪同三司，镇守京口。义熙四年(408年)，他作为扬州刺史、录尚书事入京辅政，独揽朝政大权。

占据山东地区的鲜卑慕容氏的南燕政权乘东晋衰乱之际屡次侵扰东晋边境。义熙五年二月，慕容超大掠淮北，刘裕兴兵北伐。四月，率水军从建康北上，沿淮河，越大岘(今山东沂水北穆陵关)。次年攻破南燕都城广固(今山东益都西北),收复青、兖两州。义熙七年，镇压卢循起义军。义熙八年，消灭了刘毅、诸葛长民、晋朝宗室司马休之等割据势力，大肆清除异己，巩固后方。义熙十二年,后秦主姚兴病卒,子姚泓继位，兄弟相互残杀，关中大乱，刘裕乘机率大军北伐后秦。他们途经黄河，击败北魏军，第二年就攻克了洛阳。到潼关后，刘裕命令大将王镇恶直奔长安，姚泓投降，后秦灭亡。晋军收复长安后，在少数民族统治下长达百年的汉族百姓纷纷前往。这时因朝政发生变故，刘裕怕政权旁落他人，便留下次子刘义真镇守长安，自己仓促返回建康。因长安留守军内讧，夏主赫连勃勃乘机夺取关中。刘义真虽被迫撤出长安，但自潼关以东、黄河以南直至青州已为南朝版图，江淮流域得到保障，这是祖逖、桓温、谢安经营百年所未能达到的。

刘裕南返后，加相国宋公九锡之命。安帝死，恭帝继位,征其入辅，封为宋王。恭帝元熙二年(420年)，刘裕代晋称帝，国号宋，改元永初。他在称帝前后，注意节俭，整顿东晋朝纲，抑制豪强，重用寒门；废除一部分屯田池塞以赈百姓，禁止豪强封固山泽，继续实行“土断”，精简侨州郡县；减轻刑罚,亲自听讼，大兴学校，重视儒学。这些措施使江南农业生产有所恢复发展,为元嘉之治(424—453年)奠定了基础。

登基两年后，即公元422年，刘裕因病去世，终年六十岁。

宋文帝刘义隆小传

刘义隆(407—453年)，南朝宋文帝，小字车儿，原籍彭城(今江苏徐州)，生于京口(今江苏镇江)，为宋武帝刘裕第三子。他博览经书史籍，善隶书，为人深沉富有谋略，但自小体弱多病，性格好猜忌。东晋义熙十一年(415年)，他被封为彭城县公，历任徐州、司州、荆州刺史。宋永初元年(420年)，封为宜都王，镇守荆州。刘裕病死后，太子刘义符继位，是为少帝，但因为游戏无度，不亲理政事，于景平二年(424年)五月被辅政司空徐羡之、中书令傅亮、领军将军谢晦共同废黜其帝位，并迎立义隆为皇帝，改元元嘉。“元嘉”便为刘义隆统治三十多年的年号，因为其间政治比较清明、社会安定、经济比较繁荣、人民生活水平有所提高，被后世的史书称之为“元嘉之治”。义隆不能容忍大臣擅行废立，于元嘉三年(426年)杀徐羡之、傅亮、谢晦，从此政由己出。元嘉六年，因病重由其弟彭城王刘义康执掌朝政。义康总揽朝政大权，其势力大长，一时权倾天下。但到元嘉十七年为义隆罢斥，改授为江州刺史，出镇豫章(今江西南昌)，元嘉二十二年被废为庶人。元嘉二十七年，魏太武帝拓跋焘调六十万大军进攻江南，而且自己也亲率大军渡过淮河直趋瓜步(今六合东南)，隔长江威胁京城建康。义隆恐义康在后方乘机作乱，便下令将其杀害。南朝刘宋王室骨肉相残自此开始。元嘉三十年，义隆为太子刘劭所弑，谥“景皇帝”，庙号“中宗”。孝武帝定乱，改谥“文皇帝”，庙号“太祖”。义隆在位期间，提倡文化，整顿吏治，清理户籍，重视农业生产，三十多年中，国家相对安定，开创了刘宋一代盛世。

第二章

南齐：一个短命的王朝

萧齐王朝在历史上只存在了二十三年，它是在刘宋皇室内部激烈地相互残杀中建立起来的。萧道成也像刘裕那样掌握朝政大权，最后废宋建齐，成就了一番帝业。他想极力避免刘宋的悲剧在自己身上发生，但就在他死后没多久，前朝末年的悲剧便再次发生在南齐身上，一幕幕兄弟骨肉自相残杀的惨剧又开始了。于是齐建国没多久就这样衰亡了。

一、萧道成篡宋建帝业

刘宋皇室在十几年的相互残杀中逐渐耗干了自己的力量，当他们发现再无人可杀时，自己也成了他人的“鱼肉”。这个人就是萧道成，他依靠自己慢慢积聚起来的力量终于战胜了仍忠于刘宋的力量。于是，六十年前相似的情景发生了。公元479年，萧道成废宋顺帝，立国号为齐。不知这时在九泉之下的刘裕作何感想？

1.在刘宋皇室残杀中崛起

萧道成原籍东海兰陵，先祖为西汉相国萧何，父亲萧承之因军功官至南泰山太守。他从小便师从当时有名的大儒雷次宗，学习了《礼》和《左氏春秋》。长大后在宋为官，起初为左军中兵参军，开始了他在军队的戎马生涯。

公元465年，宋刘彧发动政变杀前帝刘子业后自立为帝。刘宋皇室内部立即爆发了大规模的动乱，当时的晋安王刘子勋和已称帝的刘彧为争夺最高统治权展开了殊死斗争。虽然当时刘彧已抢夺了先机，但势力大大不如刘子勋，形势不容乐观。这时的萧道成却审时度势，并没有随波逐流轻易地加入当时被普遍看好的刘子勋一系。通过自己的分析和出于对政治的敏感性，他站在了明帝刘彧这一边。刘彧很是高兴，任命他为辅国将军并率军出征讨伐叛军，从此开始了他迈向权力顶峰的步伐。

而明帝刘彧也依靠萧道成等人的力量巩固了自己的皇位。萧道成利用自己的政治投机开始崭露头角。

泰豫元年(472年)四月，明帝病死，太子刘昱继位。由于顾命大臣褚渊推荐，萧道成被任命为右卫将军、卫尉，掌管宫内禁军，权势大增。随后不久，桂阳王刘休范起兵谋反。萧道成认为这是个好机会，请求由自己率军去平定叛乱。经过朝廷的商议，同意了他的要求。当时敌军十分强大，大臣们都很紧张，只有萧道成认为这是个为自己争取更多权力的大好机会。当他率军刚到新亭，刘休范也已经到了新林(今江苏南京西南)。这时，萧道成的部下黄回和张敬儿向他建议使用诈降计谋。萧道成采纳了这个建议，并让他们两人实施。于是两人来找刘休范，说萧道成愿意投降，拥戴他为皇帝。刘休范十分高兴，对二人不加提防，反而让他们跟在自己身边。终于在一个有利时机，张敬儿一把夺下刘休范的佩刀，把他杀死了，然后飞快逃回新亭，将首级交给了萧道成。萧道成终于平定了这次叛乱，凯旋返回建康。就连老百姓也纷纷说，保全国家全靠萧将军。凭借平定刘休范的功劳，萧道成威望大增，被朝廷任命为中领军，留守建康，并和袁粲、褚渊、刘秉一起主持朝政。他们四人被人们称为“四贵”。萧道成则凭借中领军的身份逐渐掌握了朝政。

萧道成像

2.“四贵”的分化和倾轧

刘昱做了皇帝以后，嗜杀成性，是个非常残暴的人，使得朝廷内外人人自危。由于萧道成掌有实权，刘昱多次挑衅于他，更扬言要杀死萧道成。萧道成忧心忡忡，暗中联合亲信，于公元 477 年的一天夜里杀死了刘昱，拥立刘准为帝。萧道成也因此被加封为司空、录尚书事、骠骑大将军，独掌朝廷大权。由此，“四贵”开始出现分化，袁粲、刘秉不满萧道成独掌大权，准备发动政变推翻他的势力。而萧道成也早已经觉察到了这些危机，作了周密的部署和安排。

袁粲准备以太后的名义，率领禁军在朝堂上杀死萧道成，原定时间为十二月二十三日晚。但由于刘秉胆小，时间还没到就惶恐不安，早早准备好行装，天还没有黑就用车子载着家人和物品，一路上招摇过市，引得路人议论纷纷。萧道成听到这个消息后，知道敌方已经开始动手，于是命令部下王敬则杀死禁军将领卜伯兴，稳定住了禁军，又令苏烈占据石头城不让袁粲进城。接着他率军攻打袁粲，双方在石头城下展开了激烈的战斗。袁粲一方不敌，刘秉和他的两个儿子先后被杀死。袁粲则由他的儿子护送着逃跑，没多久被萧道成的部下戴僧静追上。袁粲的儿子用自己的身体护卫着父亲，被戴杀死。袁粲对儿子说：“我不失为忠臣，你不失为孝子。”说完也被戴杀死。而此后当地传出个民谣：“可怜石头城，宁为袁粲死，不为褚渊生。”

袁粲平时喜欢饮酒作诗，部下向他请示事情，他也总是以诗回答。因此后人评论道：“书生造反，不能成事。”

3.萧道成终夺帝位

袁粲、刘秉被诛杀后，朝廷中已经没有能制衡萧道成的力量了。他又接着镇压了荆州刺史沈攸之的叛乱，这样，整个刘宋境内都成了萧道成的势力范围，夺取政权的时机已经成熟。公元 479 年 3 月，萧道成被加封为齐公，加九锡，而九锡往往是“禅让”的前奏。不久又晋爵为齐王。这时宋末帝刘准知道时局已无法挽回，不得已，下诏退位“让贤”。当萧道成的部将王敬则要顺帝上车离开皇宫时，顺帝问：“要杀我么？”王敬则摇摇头说：“只是到别宫去住，当年你的祖先取代司马氏天下时也是如此。”刘准不禁泪如雨下，周围宫人和百官也是黯然神伤，泣涕流泪。

文武百官拿着玉玺到齐王处劝进，萧道成装模作样谦让一番，直到第二天才“被逼”即位。公元479年4月，齐王朝建立，萧道成便是齐高帝。然仅隔一个月，宋顺帝刘准就被诛杀。

二、在内讧中急剧衰落的南齐

齐高帝萧道成在位仅四年，于公元482年病死。萧赜继位，是为齐武帝，年号永明。武帝还是比较有作为的，在位共十一年，能够关心政事、劝课农桑、减免赋役、崇尚儒学，百姓生活比较安定，是南齐最繁华的时期。而到了晚年，由于在实行检籍政策上出现重大失误，引起社会动乱、百姓嗟怨，导致爆发了农民起义。虽然最后镇压了下去，但已经预示着南齐的衰弱。公元493年7月，萧赜病死，诏命皇太孙萧昭业继位。

从萧昭业开始，南齐步入刘宋后尘，大肆屠杀宗室，内乱不迭。公元493年，武帝萧赜病逝，由于皇太子萧长懋早死，孙萧昭业继位。武帝让竟陵王萧子良和萧鸾辅政。萧子良是武帝的次子，在百官心中威望颇高，是和萧昭业争夺皇位最有力的竞争对手。但由于萧子良生性淡泊，不爱处理政务，再加上萧鸾的坚持，萧昭业得以即位成功。

萧昭业阴险狡诈，很会掩饰自己，矫揉造作，是个典型的两面派。他父亲死时，他表现得很悲痛，尤其在外人面前更是如此。可一回到家里，就很高兴，还让一个姓杨的女巫用法术诅咒自己的祖父快死，以使自己能提前当皇帝。祖父萧赜卧病期间，萧昭业入宫服侍，在给妻子写信时，一连写了三十六个小“喜”字，作一个圆圈环绕着一个大“喜”字。但在奄奄一息的萧赜面前，他却满面愁容，还没开口说话就先流下眼泪。这让萧赜深受感动，拉着他的手叮咛说："如果想念爷爷的话，就要好好做。"但在萧赜死后，萧昭业做的第一件事就是重重地赏赐了那个女巫，以奖励她咒死祖父的功劳。然后，把那些曾经跟他竞争帝位的弟兄叔伯，分批屠杀。最后，萧子良担心自己遭祸，忧闷而死。当萧子良去世后，萧昭业兴奋异常，高兴得手舞足蹈。此时，能够威胁他的只剩下萧鸾了。萧昭业在位时挥霍无度，每次赏赐亲信都在百万钱以上。他常对钱恨恨地说："我从前想你十个都没有，今天如何？"不到半年，国库便为之一空。

萧鸾，是开国皇帝萧道成哥哥的儿子，萧昭业的叔祖。萧昭业几次要杀萧鸾，都在犹疑不决时被人劝阻。公元494年，萧鸾发动政变，杀死了萧昭业，立萧昭业的弟弟萧昭文为皇帝。但不到四个月，萧鸾又杀掉萧昭文，自己登基做了皇帝，是为齐明帝。由于他的皇族血统过于疏远，而且高帝、武帝的子孙们也日渐长大，他的儿子却还很年幼，这使他深感威胁。为了根绝后患，他把萧道成和萧赜的子孙屠杀罄尽。史书记载，每逢他晚上焚香祷告，呜咽流涕时，左右的人就知道明天一定会有人被杀。其中最为可笑的是，他一口气杀掉萧铉等十个亲王。杀掉之后，他才命令有关部门告发那十个亲王谋反，要求处死。可笑处就在这里，当萧鸾接到报告后，不但没有批准，反而义正词严地大加申斥，批驳不准。这个有关部门站在

陶立俑

"神圣的法律"立场，冒着皇帝震怒的"危险"，一再请求，坚持立场。萧鸾这才"迫不得已"，向法律"屈服"。这就是真实的萧鸾。

萧鸾在屠杀十位亲王之后就逝世了，他十六岁的儿子萧宝卷继位。萧宝卷性格内向，不爱说话，也不喜欢跟大臣接触，只喜欢出宫闲逛，可是却不允许任何人看到他。这可真是一个奇怪的性格。于是在每次出宫前，都要先行戒严，更为了防止有人从门缝偷看，下令凡是所经过的街道，两旁的屋舍都要空出来。于是在萧宝卷统治时期，南齐出现了一个奇怪的现象：每次皇家卫队前驱的鼓声一响，老百姓就像听见空袭警报一样狂奔而出，再向四方逃命。据史书记载，萧宝卷每个月都要这样出游二十多次，而且方向无定，忽南忽北，忽东忽西。尤其是夜晚游乐时，由于霎时间鼓声响起，顿时屋瓦震动，烛光照天，卫士塞满道路，百姓从梦中惊起，出奔躲避。偏偏又处处戒严，不能通行，于是男女老幼左奔右跑，哭号相应，景象十分悲惨。有一次，由于不知道御驾到底从什么地方经过，一个孕妇来不及逃走，被萧宝卷看见，下令剖腹，母子齐死。又有一个害了病的老僧，无力逃避，躲在草丛里，萧宝卷下令射箭，老僧于是被乱箭射死。萧宝卷是中国历史上最荒唐凶残的皇帝之一，更由于他父亲萧鸾常跟他提到萧昭业对自己犹疑不决的往事，告诫他说："动作要快，不要落到人后。"萧宝卷深记这个教训，所以杀人时快如闪电。猜忌一动，杀机即起；杀机一起，立刻行动，不作任何犹豫，也无任何预兆或迹象。这种恐怖政策，在萧宝卷即位的两年

伎乐飞天二身（壁画）

内就连续激起人们的反抗。第一次发生于公元 499 年，萧宝卷的堂兄萧遥光起兵进攻皇宫，失败被杀。第二次发生在同年，大将陈显达起兵从江州（江西九江）进攻建康，失败。这两次兵败迅速地被平定，更增加了他的气焰，认为天意民心都站在他这一边，屠杀更变本加厉，连他的胞弟萧宝玄也被他杀害。

在萧宝卷的荒淫残暴统治下，朝廷中人人自危，百姓对他也怨恨不已，整个南齐国势衰弱，奄奄一息。萧宝卷成了众矢之的。公元 501 年，高帝萧道成的族弟萧衍起兵讨伐萧宝卷，人心思归，很多将领不满萧宝卷的统治，投靠了萧衍。萧衍很快便攻入建康，而萧宝卷在慌忙逃跑时被身旁宦官砍杀。这个作恶多端的昏君死时仅十九岁，历史上称他为东昏侯。

萧衍入建康后，扶植萧宝融为傀儡皇帝，自己则由大司马晋封为相国，又被封为梁王，掌握了南齐的朝政大权。公元 502 年，萧衍废掉和帝萧宝融，建国号梁，他便为梁武帝。不久，萧宝融被杀，南齐灭亡。

点评

南齐是南北朝四个朝代中存在时间最短的朝代，仅有二十三年。齐高帝萧道成借鉴宋灭亡的教训，以宽厚为本，提倡节俭。在他临死前，要求其子武帝继续其方针，并且不要手足相残。武帝遵其遗嘱，继续统治国家，使南齐出现了一段相对稳定发展的时期。但是在武帝死后，齐国的皇帝又走上了宋灭亡的老路，刘宋覆灭的情景在他们身上再一次演绎，纷纷杀戮自己的兄弟、叔侄，至东昏侯时，因其疑心过重，几乎将朝内大臣全部处死。这样，齐国的江山被彻底动摇了，给萧衍以可乘之机。二十三年前的历史再一次以惊人的相似重复，不能不让我们感叹，仿佛冥冥之中自有天意，印证着因果循环、报应不爽。

相关链接

齐高帝萧道成小传

齐高帝萧道成(427—482 年)，南朝中齐的创建者，字绍伯，小名斗将，在位四年。先祖世代居住在东海兰陵(今山东枣庄峄城镇东)。高祖萧整于东晋初年过江，客居在晋陵武进(今属江苏)。东晋在此地侨置兰陵郡，称南兰陵，因此萧氏便为南兰陵人。他从小师从名儒雷次宗接受教诲，学习了《礼》和《左氏春秋》。在宋时步入仕途，起初为左军中兵参军，后领一偏军征讨仇池，进军到距离长安只有八十里，因为兵力不足，又听到宋文帝去世的消息，才返回。明帝时为右军将军，先后镇守会稽(今浙江绍兴)、淮阴(今江苏清江西)，以军功累官至南兖州刺史。明帝去世后，他与尚书令袁粲等共掌朝政，并领石头戍军事。元徽二年(474 年)，江州刺史桂阳王刘休范反叛，他率军平定叛乱后进爵为公，迁中领军将军，掌握了禁卫军，督五州军事，与袁粲、褚渊、刘秉号称“四贵”。

宋皇室成员为了争夺最高统治权，自相残杀，战乱不断，朝廷实权逐渐集中到萧道成手中。昇明元年(477年)七月，道成杀后废帝刘昱，立刘准为帝(顺帝)。萧道成被封为齐王，兼总领军国大事，第二年诛灭了仍旧忠于宋室的袁粲、荆州刺史沈攸之、黄回等力量。第三年四月接受顺帝刘准禅位，即皇帝位，国号齐，改元建元，史称南齐。道成吸取了宋亡的教训，务从俭约，减免百姓的逋租宿债，宽简刑罚，使人民生活水平在一定程度上有所恢复。但对宋宗室王侯，不管老少皆幽死。次年下令扩大清理户籍，按虞玩之的建议，设立校籍官，以宋元嘉二十七年

(450 年)版籍为准，整理户籍。但校籍工作弊端百出，贫苦人民常被诬为户籍诈伪而被从户籍中剔除出来，同时也侵犯了庶族地主的利益，因而引发了农民起义。

公元 482 年，在位四年后，萧道成病逝，终年五十六岁。

第三章

萧梁："自我得之，自我失之"

梁为南朝第三个王朝，共历四帝，五十六年。而萧衍一人就做了四十八年的皇帝，是南朝历史上开国帝王中在位时间最长的一位。可以说梁朝既是他一手建立起来的，也是他亲手摧毁的。让一位开国皇帝又亲眼见证了自己王朝的衰败，可以说这也是一种悲哀吧！

一、萧衍篡齐建帝业

像前朝的刘裕篡晋、萧道成篡宋一样，萧衍废齐自立梁，历史在这里又一次发生了惊人的相似。当萧衍坐上皇帝宝座的那一刹那，不知道是否会犹豫一下：这个座位真的那么好坐么？

1.仕途崛起

萧衍出生于“六朝金粉”的南京，从小聪慧过人，喜欢读书，博学多才，尤其在文学方面很有天赋。在齐永明年间，有一群文学之士围绕在竟陵王萧子良左右，形成了一个文学群体，文学史上把他们称为“竟陵八友”。萧衍也是其中之一，因此他在文人中的影响很深。

萧衍与南朝齐的皇帝是同族，父亲萧顺之是齐高帝萧道成的族弟，他则是萧道成的族侄。所以他在政治上的成功，除了他自己的努力，家族背景也起了很大作用。他的父亲做过侍中、卫尉等高官。在实行科举制度之前，中国的官吏基本上是世袭加推荐两种形式。所以，家族的背景尤其重要。而且在魏晋南北朝时期，更注重门第观念，不是名家大族的人，如果想做官是非常难的。而萧衍就是依靠家族门第的背景走上仕途的。

齐武帝去世后，继任的萧昭业只知道吃喝玩乐，不理政务。几位老臣多次苦心相劝，都被他嗤之以鼻。萧昭业的荒淫糜烂引起朝廷上下的强烈不满。掌权的大臣萧鸾眼见时机成熟，于是准备废立皇帝，自己掌握朝政大权。而萧衍站在了萧鸾这一边，为其出谋划策。三个月之后，隆昌元年(494年)七月，萧鸾入宫杀齐帝萧昭业，并假太后令，废其为鬱林王，并迎萧昭业之弟、十五岁的萧昭文即皇帝位。不久将其害死，自己即皇帝位，是为齐明帝。由于萧衍政治投机成功，被提拔为黄门侍郎，地位开始显赫起来。

萧衍像

2.力拒魏兵

公元495年，北魏的孝文帝率三十万大军亲自征讨南齐。齐明帝萧鸾先派左卫将军崔慧景、宁朔将军裴叔业领兵迎战，听到北魏军队分兵攻打义阳后，又派萧衍和平北将军王广之领兵救援。

当王广之率军行进到离义阳百里之外时，听说北魏军队兵强马壮，于是畏缩不前。萧衍则请求充当先锋，和北魏军队交战。王广之于是派部分军队归萧衍指挥，进兵义阳。

萧衍带领军队连夜从小路赶到了距离北魏军只有几里地的贤首山(在河南省信阳县西南，亦名贤隐山)，然后命令士兵将山头插满旗帜。等到天一亮，义阳城中的齐军看到后，以为援军已经赶到，于是士气大增，出城攻击北魏军，同时顺风放火。这边的萧衍也乘机夹攻北魏军。北魏军在齐军前后夹击下溃不成军，只好退却。齐军最终取得了这场战役的胜利，萧衍也因战功而升任太子中庶子。

公元 497 年的秋天，北魏军再次南下，先后攻下了新野和南阳，前锋直逼雍州（今湖北襄樊市），齐明帝萧鸾赶忙派萧衍领军增援雍州。在雍州西北的邓城，萧衍被北魏的几万铁骑包围。萧衍知道城中粮草缺乏，就对部将说："我们远道征战，本来就已经很疲惫，需要休整，但现在遇到强敌围困，如果军中知道粮草缺乏的实情，肯定会发生兵变。为了以防万一，我们还是趁敌人立足未稳，杀出重围为上策。"谁知部下见魏军越来越多，没有退却的迹象，害怕极了，就私自带着自己的部队逃跑了。其他各部见状，也纷纷逃散。萧衍无法控制局面，只好退到了樊城，才站稳了脚跟。这次战役后，齐明帝以萧衍为辅国将军，代理雍州刺史。从此萧衍就有了自己固定的根据地，为他势力的发展奠定了基础，成为他日后争夺齐政权的重要资本。

南北朝持盾武士俑

3.受禅称帝

公元 498 年，齐明帝萧鸾崩，其次子东昏侯萧宝卷继位。萧宝卷治国无术，而且生性残忍，继位之后便大杀宗室和大臣，从而导致始安王萧遥光、太尉陈显达与将军崔景慧先后起兵叛乱。虽然这些叛乱都先后被平定了，但南齐国势大衰，政治混乱，民怨沸腾。而萧宝卷仍不知悔改，一如从前。此时，萧衍在雍州秘密积蓄力量，等待时机准备推翻萧宝卷的统治。

公元500年11月，萧懿被萧宝卷害死的消息传到襄阳后，萧衍觉得时机已成熟，于是立即召集部下商议废掉萧宝卷，得到部下的一致赞同。于是，萧衍率军自荆州顺长江一路东下直逼建康。

萧宝卷起初听到萧衍率军东下的消息很不以为然，认为用不了十天便会将萧衍击退。因此，他只命令储备百日的粮草，还对手下人夸口道："等萧衍打到台城门外的时候再想办法对付他也不迟！"直到萧衍打到离建康不远的江宁时，他才慌了神，急忙调兵遣将，保卫建康。萧宝卷派征虏将军王珍国率十万大军守城，宦官王宝孙督战，并毁掉朱雀桥以断绝后路，准备决一死战。萧衍大将王茂身先士卒，率先冲向敌阵，所向披靡。大军随后跟进，雍、荆将士皆殊死奋战，鼓噪之声震动天地。齐军渐渐抵抗不住，很快便土崩瓦解。萧衍率军乘胜追击，兵临建康城下。这时，齐军士气低落，很多人看到南齐已衰，便纷纷叛逃到萧衍那面，连守城将领也都投降，于是萧衍率军直奔皇宫。萧宝卷突闻兵至，慌忙逃跑时被身旁宦官黄泰砍死，时年仅十九岁。萧衍攻占建康后，便拥立萧宝融为傀儡皇帝。同年，萧宝融封萧衍为梁王，升任大司马，掌管中外军国大事，还享有带剑上殿的特权，也不用向皇帝行叩拜大礼。至此，萧衍掌握了南齐的军政大权。

青瓷莲花尊(南朝)

公元502年，萧衍以宣德太后令，逼齐和帝萧宝融禅位，自己登基为帝，国号梁。南齐到此灭亡。

二、"菩萨皇帝"四十八年的统治

萧衍登基初期，政绩非常显著。鉴于刘宋、萧齐亡国的教训，他总是勤于政务，孜孜不倦。但到了他统治后期，不仅政策频繁出现失误，而且大肆尊崇佛教，优待宗室，尤其是引狼入室，造成"侯景之乱"，不仅亲手断送了梁朝，自己也落得饿死的悲惨下场。这正印证了他所说的，"自我得之，自我失之"。

1.显著的政绩

梁武帝即位以后，勤于政事，生活俭朴，是一个比较有作为的皇帝。据史书记载，他在冬季，四更天就起床点烛批阅文件，即使手冻裂了也不在乎。即位不久，他便按佛教的教规安排自己的生活作息。每天只吃素食，不吃荤肉，连祭祀天地祖宗和开宴会的时候也叫人摆上素菜，不准用牲畜。每天只吃一顿粗米饭，穿的是粗布麻衣，屋子里除了一张床以外，没有其他奢华的家具。他还要求后宫贵妃以下的宫女侍从，穿着不能艳丽。他从不饮酒，平时也不听音乐。他还非常注重自己的仪表，不管在哪里都是衣冠楚楚，即使在盛夏酷暑，也从不袒胸露腹。他对待臣下也比较有礼貌，衣冠未整理好就不与人相见，即使对待内廷小臣，也像对待宾客一样有礼貌。

梁武帝在经济、政治等方面都推行了一些积极的措施。在农业方面，他曾经实行籍田。这虽然只是一种表面的形式，但在当时不无鼓励农耕的作用。他下令要求百姓多多开辟荒田，要求各级政府部门为贫苦的百姓贷款买种子；对在战乱时迁移到其他地方的流民，允许他们回乡，恢复原有的田地和住宅。荒田废宅没入为公田后，除官府已经垦种者外，都要求拿来分给农民耕种。并且禁止豪强占用公田，只是“若富室给贫民种粮，共营作者，不在此例”。这一规定，固然说明封建地主政权的本质，允许地主剥削农民，但也说明政府提倡尽力耕种，不要荒废田地。除劝课农桑外，萧衍还下令屯田。在他统治时期，屯田数量超过了宋、齐两代。屯田主要是北方边境荆、秦、司、豫等州，利用官田荒地，让士兵边种田边守边。这既节省了传输的劳苦，对于巩固边防也起了一定的作用。在赋税方面，萧衍也多次下令减免租调，有时免去孤贫之家当年的赋役。对逃亡他乡以后复业者，五年之内免其赋税。他继承宋、齐政策，继续“土断”（在东晋、南朝废除侨置郡县，使侨寓户口编入所在郡县的办法。主要目的是为了控制户口，增加政府财政收入），整理户籍。

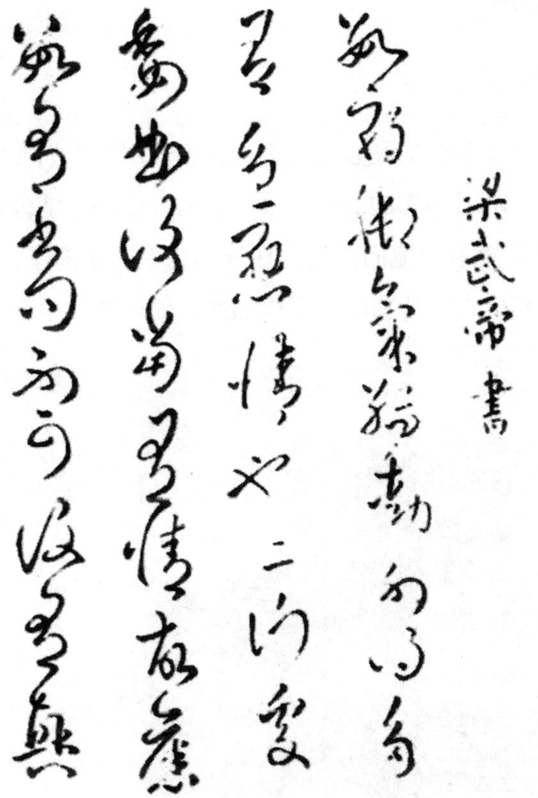

数朝帖（梁武帝萧衍作）

在政治方面，梁武帝尽量选用有才能的官吏，并派遣使者巡视各郡，监视地方官吏。他要求严厉惩办贪官污吏，选用贤能。

他下令不拘一格，使用人才，“小县令有能，迁大县令；大县令有能，迁二千石（郡守）”，并设立专人来搜寻人才。

梁武帝萧衍在位时期，南方人民所受的剥削和压迫虽然很重，但由于长期的和平环境和人民的辛勤劳动，江南的经济还是有所发展的。当时，耕地面积扩大，农作物品种增多，粮食产量提高。江南肥沃之处，甚至有亩产二十斛的记录。天监四年（505年），江南丰收，粮价特别便宜，一斗米只要三钱。京城建康是一个繁荣热闹的都市，不仅是政治中心，也是经济中心。据史书记载，梁时建康有户二十八万，如果以每户五口计算，则有一百四十万人。这在当时世界上也是罕见的大都会。建康而外，荆州、成都等大城市也很繁荣。成都的蜀锦、川马驰名中外，长江下游三角洲一带的商业也很发达。

2.猜疑心重，自受其害

和封建社会的许多皇帝一样，萧衍的疑心也很重，害怕开国功臣们要夺自己的皇位。在这些人当中，范云和沈约的功劳最大，两人谋划、辅佐他登上了皇帝宝座。但萧衍并没有重用他们。范云在建国初期就病逝了，萧衍也没有重用沈约，而是让其他人主持朝政。不仅如此，他还经常斥责沈约，不久沈约便忧闷而死。

青瓷托盏（南朝）

萧衍对功臣吝啬，但是对于自己的皇室宗亲却格外照顾，照顾得有些徇私护短。但他的照顾没有给他带来好处，反而使他备受打击，这也是他以后投身佛教的一个主要原因。

其中，一个是他的六弟萧宏，一个是他的次子萧综。

萧宏是梁武帝萧衍的异母弟。有一次，萧宏窝藏杀人凶手，萧衍不仅不加惩罚反而加封官职，妄加纵容。萧宏也不知恩，更加肆无忌惮地胡作非为。最后，竟和自己的侄女，也就是萧衍的大女儿通奸，两个人还谋划要篡夺萧衍的皇位，结果在派人刺杀萧衍时事情败露，刺客被抓，最后处死。萧衍的女儿知道自己罪孽深重，也没脸再见父亲，于是自尽身亡。萧宏也因为极度恐惧，最后得病而死。

萧宏虽然平庸无能，但爱财如命，储藏在库房里的财物就堆满了将近一百间。当时有人向梁武帝报告说萧宏家库房中暗藏有兵器铠甲，想要图谋不轨。梁武帝很不高兴，亲自前往探视。结果打开库房一看，每间房子里都堆满了钱财。根据史书记载，萧宏所收存的现钱就有三亿余万，其他库房里的如布、绢、丝、帛、漆、蜜、蜡、朱沙、黄屑等杂货，多得无法计算。梁武帝一看不是武器，大为高兴，对萧宏说："阿六，你可真会营生啊，家当不小！"萧宏奢侈过度，沉湎声色。王府规模宏大，仿佛帝宫，光侍女就有千人。萧宏的宠妾江无畏的服饰器物很是奢华，一双鞋子价值千万钱。她喜好吃鱼头，经常每天要进三百条鱼，其他山珍海味吃不完的，都扔到路上。如此奢靡无度，令百姓暗恨不止。

萧综是萧衍的次子，但是他的母亲原是东昏侯的妃子，被萧衍纳为嫔妃之后，不到七个月就生下了萧综，因此萧综可能是东昏侯的儿子。但萧综并没有受到歧视，萧衍不仅封他为亲王，还让他做大将军。萧综的母亲吴淑媛失宠之后，出于对萧衍的怨恨，就把七个月生萧综的事告诉了萧综。从此，萧综就认为自己是东昏侯的儿子，和萧衍疏远了。不久，梁和北魏在边境发生冲突，萧衍让萧综领军作战，但萧综却投降了北魏。北魏很高兴，授予他高官厚禄。萧综还改名为萧缵，更要为东昏侯服丧三年。萧衍听到后，非常生气，不仅撤销了给他的封号，还把吴淑媛贬为庶人。不久，吴淑媛病逝，萧衍起了恻隐之心，又下诏恢复萧综的封号。

这两件事情对于萧衍来说打击是很大的。在建国开始的时候，萧衍很重视儒家思想，自己还亲自写《春秋答问》等书，解答大臣们的疑问，倡导了良好的学习风气。但老年后，特别是上面那两件事之后，佛教的教义深深吸引了他，使他看破了红尘，从儒家转向了佛家，成为历史上著名的“菩萨皇帝”。

3.梁武帝的崇佛和舍身入寺

梁武帝提倡尊儒崇佛，称自己为“菩萨皇帝”，并宣布佛教为国教。他在国内大兴土木广修佛寺，广建佛塔。根据史载，仅建康一地就建有佛寺五百余所，僧尼达十万余人。全国共有寺院两千八百四十六所，僧尼不计其数。唐代诗人杜牧在《江南春》中写道：“南朝四百八十寺，多少楼台烟雨中。”这就是对南朝当时佛教兴盛的真实写照。

梁武帝在位时修建了许多佛寺。除了为法云、僧曼等法师建造光寺、开善寺等名刹外，还分别于天监元年（502年）、普通元年（520年）、大通元年（527年）为父母和自己建造了大爱敬寺、智度寺和同泰寺。为了营建佛寺，梁武帝甚至不惜牺牲皇帝的尊严，巧取豪夺。有一次，他强迫世家大族王骞出卖其曾祖父王导的赐田。王骞不卖，令梁武帝大怒，不仅强行以低价买王骞的田地，还将其贬为吴兴太守。又有一次在修建寺庙时，缺乏上等木材，当时曲阿（今江苏丹阳县）人弘氏家有好木材，当地官吏为了讨好梁武帝，便诬告弘氏犯了抢劫罪，处以死刑，把木材没收，送往寺院工地。

除了广建佛寺，梁武帝还大力扶植寺院经济。他经常以皇帝的身份“舍财”给寺院，每次布施均在千万钱以上。据当时有人记载，梁武帝讲经时，自舍银、绢等物二百零一种，值钱一千零九十六万钱；太子施舍钱、绢，值钱三百四十三万钱；六宫所舍又有二百七十万钱。梁武帝一面用金、银铸造佛像，一面又不断扩充寺院的田产。例如大爱敬寺的金铜佛像高达一丈八尺，智度寺的正殿也造丈八金像，同泰寺有十方金像和十方银像。大同年间（535—546年），梁武帝更是下令强买长干寺周围数百户百姓的宅地，以为寺扩建。由于梁武帝的大力提倡和资助，各寺院经济呈现畸形的发展和膨胀。

由于统治阶级的大力提倡，佛教开始迅速而广泛地传播开来。崇佛、吃素成为风尚，以致当时出现了一种奇怪的现象：无论士族抑或寒人，在给自己的子女取名时，往往喜欢加一个“僧”字，有人干脆给自己改名，加个“僧”字，以示自己的虔诚信仰。王朝贵族和地方官吏更是尽情向人民搜刮钱财，献给寺庙，以祈求来生的幸福。大量人口的出家，使“天下户口，几亡其半”。最后使寺院拥有众多的劳动力和土地资财，形成了特殊的僧侣地主阶层。

崇佛造成社会财富大量流入佛寺，国家也损失了大量户口，以致财政、劳动力严重不足，加剧了僧侣地主和世俗地主之间的矛盾。因此，世俗地主中不断有人从维护封建国家的根本利益出发，激烈地反对崇佛。南梁郡丞郭祖深抬着棺材到宫门，冒死向梁武帝进谏，指出佛教泛滥的危害，建议让四十岁以下的没有道行的和尚还俗务农，但没有结果。与他同时的荀济，上书从中国固有的伦常道理来指斥佛教，还进一步指出佛教的十大罪状，建议禁佛。荀济的上书触怒了梁武帝，几乎被杀死。

在梁武帝崇佛历史上，最著名的还是他四次舍身佛寺，出家做和尚，以表白自己“不贪天下”。公元527年，梁武帝下令在皇宫旁边建了一座寺庙，取名同泰寺。同泰寺建成后，又在皇宫跟同泰寺对着的地方开了一个门，取名大通门。如此一来，他出宫门入庙门，出庙门进宫门，来来往往方便了许多。这一年三月，梁武帝对文武大臣们说，自己看破了红尘，要到同泰寺里当和尚。不管大臣们怎么劝说，梁武帝都不听，竟真的脱了龙袍，穿上袈裟，剃了头发，到了同泰寺。满朝文武大臣急坏了，他们一起到了同泰寺，给这位和尚皇帝跪了一地，又是磕头又是央求，请他回宫执政。梁武帝开头怎么也不肯答应，直到群臣用一亿钱的代价向同泰寺奉赎，和尚默许之后，梁武帝才勉勉强强回宫继续做他的皇帝。

过了两年，也就是中大通元年（529年）九月，梁武帝在同泰寺里举行了一次佛教的大典，叫做“四部无遮大会”。“四部”指的是和尚、尼姑、善男、信女，“无遮”就是没有阻隔的意思，即不管贫富如何，地位如何，也不管有没有文化，任何人都可以参加这次大会。开会的这一天，寺庙里钟鼓齐鸣，乐队吹吹打打，非常热闹。佛堂里，香烟缭绕，拜佛的人一个接一个。梁武帝也是身穿袈裟，口念佛号，带着一批臣子前来拜佛。当他拜完了佛，不知怎么又犯了当和尚的瘾，说这回非要当和尚不可，再也不愿回宫去了。当晚，梁武帝便住在同泰寺里，装扮得和普通僧众一样。大臣们又急坏了，一同到同泰寺劝梁武帝回宫。去了一次又一次，仍然毫无结果。最后，梁武帝对大臣们说，他已经是佛门中人了，要想让他离开同泰寺，非得积大德、做大善事不可。怎么积德行善？大臣们思来想去，还得是老办法。于是，朝廷又拿出一亿钱将他赎回，梁武帝方才于十月还宫。

第三次“舍身”与第二次“舍身”相隔十五年之久，但情形类似，最后依旧是拿出钱来把人赎回，又才作罢。到第四次“舍身”的时候，梁武帝已是八十四岁高龄了。虽然又和前三次一样，但就在梁武帝赎身的当天晚上，同泰寺突然发生了大火，将佛塔烧毁了。可能有人实在是受不了梁武帝这一而再、再而三的行为了，俗话说的好，“事不过三”，你这都第四次了，还让不让我们活了！但梁武帝却认为这是魔鬼干的坏事，应该做更大的法事来镇压魔鬼。他下诏重建佛塔，要把新塔修得比旧塔高一倍，才能镇压得住魔鬼。最后他招来许多和尚做法事，消耗了上万斤香烛，念了好几天经。又叫大臣们也跟他一起烧香磕头，还派出大批工匠上山采石砍树，花了无数的钱财，企图建造一座十二层的高塔。但是，新塔还没有完工，他就被侯景拘禁饿死了。

梁武帝晚年迷信佛教已经到了昏庸腐朽的程度，最终他也自食恶果，招致了"侯景之乱"。梁朝在他手中败亡了。

三、“侯景之乱”与梁的衰亡

1.反复无常的侯景

侯景，原本是北魏怀朔镇（今内蒙古固阳南）的一个士兵，因功逐渐升为镇功曹史。在北魏末年的六镇起义时，侯景率领自己的部众投靠了契胡族的首领尔朱荣，参加了镇压起义，不久因大破义军、活捉葛荣之功而官升为定州刺史。高欢灭了尔朱荣后，侯景又叛归高欢。侯景生性狡诈多变，残忍异常，但却对部下豪爽，所掠得财物皆赏赐将士，因此能得到将士死命效忠，所向多捷。他历任东魏尚书左仆射、吏部尚书、司空、司徒、河南道大行台（即河南道最高军政长官），拥兵十万人，专制河南，权力仅次于高欢。

公元546年底，高欢病重，其子高澄害怕侯景不服从自己，乘机兴兵作乱，便用高欢的名义写信给侯景，调他入京，说是要加官晋爵，企图乘机夺取其兵权，剪除后患。侯景识破了他的伎俩，称病拒不入朝。高澄见侯景不听从命令，知道自己的阴谋已经败露，便整天闷闷不乐。高欢见他这个样子，便对他说：“是担心我死后，侯景会叛变吗？”高澄点点头。高欢说道：“侯景在河南已经十四年了。这个人飞扬跋扈，常怀不臣之心。有我在，他还不敢怎么样。我怕我死以后，你驾驭不了他。”高澄道：“父亲所言不差。我终日也是为此担忧，以致夜里也睡不安稳，还请父亲指点迷津。”高欢道：“纵观朝中众位将领，能与侯景匹敌者，只有慕容绍宗一人。有他在，侯景不足为虑！你要重用他。”

公元 547 年正月，高欢病死，高澄继任大丞相，掌握东魏实权。侯景听到后，心中更加不安，决定起兵叛乱。他先写信给西魏的丞相宇文泰，声称愿意把所辖的河南十三州的土地献上，归附西魏。宇文泰接受了侯景的投降，封他为太傅、河南道行台、上谷公。高澄得到侯景叛乱的消息后，派司空韩轨率军讨伐侯景。五月，韩轨围侯景于颍川（今河南许昌）。侯景见形势不妙，连忙派人向西魏求救，并许诺割四座城给西魏。于是，宇文泰命人率军救援侯景。韩轨见西魏援军将到，唯恐不敌，便领军退走。侯景见东魏军退走，便想兼并西魏的军队，却被西魏的将领识破。西魏丞相王悦对宇文泰说：“侯景与高欢从小相交，归附高欢后，很受信任。可是高欢尸骨未寒，他便起兵反叛，虎狼之心，昭然若揭。他既能背德于高欢父子，又怎么能尽心地忠于我朝呢？”宇文泰也深表同意，下诏让侯景入朝，想剥夺他的兵权。果然，侯景投降西魏并非出于真心，只是想利用西魏军同高澄作战，等到消灭高澄之后，自己便可独霸中原。西魏军到来后，他竭尽全力地想拉拢西魏将领，每日只带几个随从往来于各支军队之间，凡是西魏军中有些名望的将领，他都亲自前去拜访，想以此取悦西魏军，让他们为自己效命。侯景的阴谋很快被人识破，没有得逞。而西魏军却以援助为名，先后接收了侯景所辖土地七州十三镇之多，几乎已经是侯景所辖土地的一半。这时，高澄也调兵遣将，向侯景

加彩陶武官俑和陶文官俑

逼近。侯景在东西夹击、走投无路的形势下，向梁武帝进表表示要投降，请求梁武帝派兵增援。梁武帝接到侯景的降表，马上召集群臣商议。群臣都表示反对，认为现在梁朝正和东魏关系良好，不应为一个反复无常的人导致两国再次发生战乱，应该拒绝侯景的投降。但梁武帝对此竟犹豫不决，最后竟说夜梦太平，侯景求降，正符所梦，封侯景为河南王、大将军、大行台。梁武帝还让人率军救援侯景，结果被东魏大败于寒山堰，主帅萧渊明被俘，全军几乎覆没。东魏乘胜进击侯景，侯景也是大败，四万多的军队最后只剩下八百人，仓皇向南逃去，进入寿阳(今安徽寿县)。

自梁武帝大同元年（535 年）北方分裂为东、西二魏后，东魏的高欢和西魏的宇文泰经常打得不可开交。双方本来都不愿意和梁朝交恶，因为这只能对另一方有利。而对梁朝来说，最好便是与东魏、西魏都友好相处，等东、西魏的实力被彼此之间的恶战消耗殆尽时，正好得渔翁之利。但梁武帝却没有这样做，而是利令智昏，接纳侯景，最后引狼入室，落得个身死国灭的下场。

2.侯景叛梁

东魏在寒山堰取得大捷并赶走了侯景，在收复一部分失地之后，接着采取外交政策，来离间侯景和梁朝的关系。高澄一边写信给梁武帝，请求重新恢复两国的友好关系，一边优待被俘虏的贞阳侯萧渊明。他和颜悦色地对萧渊明说：“我父亲与梁主和好，已经十多年了，想不到因为这件事情而使两国出现纷争，致使兵戎相见。依我所料，这恐怕并不是出于梁主的本意，肯定是侯景的煽动造成的。你可以派人把我的想法告诉梁主。如果梁主还没忘记两国曾经的友好，我会将俘虏一起放归。”萧渊明听了很是高兴，立即派随从报信给梁武帝。

起初，梁武帝接到高澄的书信时并没有打算与东魏和解，等到见了侄儿派来的人之后，才有些意动。于是，他召集群臣商议此事。有大臣就说："高澄刚刚打了胜仗，何必向我们求和？这肯定是他的反间计！倘若我们与东魏讲和，侯景必然畏惧生疑，以致图谋为乱。到那时，他们就可以从中渔利了。"梁武帝没有接受这个意见，他思忖再三，最终决定与东魏和解。不料，这事被侯景知道了，心中很是惊恐，为进一步试探梁武帝的态度，他假冒高澄的名义写了一封信给梁武帝，提议用萧渊明交换自己。梁武帝接到这封信以后，不辨真假，便答应信中所提的条件。侯景见到梁武帝的回信，十分悲愤地对部下说道："萧衍这个老匹夫竟然如此刻薄寡恩，真是令我没有想到！"于是，暗中决定起兵反梁。但他惟恐自己力量不足，想在梁内部找一内应，这时临贺王萧正德进入了他的视线。

诸天神像（壁画）

萧正德是萧衍六弟萧宏的第三子。起初，萧衍无子，把萧正德养为自己的儿子。萧衍称帝后，萧正德觉得自己可为太子。但高兴没多久，萧衍自己便生出儿子，即昭明太子萧统，只封萧正德为西丰侯。萧正德怨恨之下，竟然叛国投靠了东魏。由于魏人对他不怎么好，于是又逃回了梁朝。对于这样一个卖国小人，由于是自己的亲侄子，萧衍没有治他的罪，还封他为临贺王。虽说如此，萧正德仍旧抱有非分之想。当他接到侯景的书信，听说要立自己为帝，大喜过望，马上答应了做侯景的内应。

南梁太清二年（548年），侯景因反对梁与东魏议和，遂以诛杀中领军朱异为名，在寿阳起兵叛梁。他首先遵照手下谋士王伟的计策，欲直接抛弃淮南，转而以轻兵直取建康。九月二十五日，他谎称游猎，离开寿阳，先后攻打谯州（今安徽滁县）和历阳（今安徽和县）。谯州守将董绍先和历阳太守庄铁先后开城投降。渡江后，侯景已拥有八千兵马，很快打到姑孰（今安徽当涂县）。直到这个时候，梁武帝才惊醒过来，命令三子萧纲指挥军队抵御侯景。最可悲的是萧纲，由于不知道萧正德是侯景的内奸，将防守建康台城南面的朱雀门与宣阳门的重任交给了他。十月二十三日，侯景率军抵达板桥（今江苏南京市板桥镇），在内奸萧正德的策应下，在朱雀桥未遇到任何抵抗，便进入了朱雀门。秦淮河上的朱雀桥与建康的正门朱雀门遥遥相对。这时，萧正德骑马赶来，带领侯景的军队进入宣武门。一路通行无阻，他们很快兵临台城城下，将台城包围起来，切断了台城和石头城（西城）、东府城（东城）的联系。

黄釉贴花连瓣纹尊

侯景包围台城之后，便向台城发动了猛烈的进攻，纵火焚烧东华门、西华门。一时，火光冲天，鼓声震天，箭飞如蝗。守将羊侃见侯景纵火，赶快派士兵救火。侯景见火被扑灭，又命士兵用长柄斧劈城门，企图冲入城中。羊侃提起长矛，领兵冲出城外，把攻城的叛军杀散。其余的叛军见势不妙，也赶快逃走了。侯景见台城一时攻不进去，便指挥军队攻占了城外的公车府和东宫、同泰寺等地。夜里，侯景在东宫大摆筵席，饮酒作乐。太子萧纲乘侯景不备，派人纵火焚烧了东宫。虽然这把大火使叛军遭到一定的伤亡，但侯景毫发未伤。

侯景见台城屡攻不下，便停止攻城，但仍将台城团团围住。此时，萧正德要侯景立他为帝，以此来惑乱梁军，并以把女儿嫁给侯景作为条件。公元548年，侯景拥立萧正德为皇帝，改元正平。最后，侯景利用“讲和”瓦解了梁朝的军心。南梁太清三年（549年）农历三月十二日凌晨，守城将领董勋、熊昙明命令士兵打开城门，放叛军入城。梁武帝被侯景囚禁在台城净居殿，不久被困饿死。他临死之前仍在念经，最后自叹道：“自我得之，自我失之，亦复何恨！”梁武帝死后，侯景立太子萧纲为皇帝，且自封为大都督，控制了南梁的军政大权。

侯景初到建康时，认为台城指日可下，所以号令严明，士兵也不敢抢掠。后来台城久攻不下，侯景深怕梁军援兵到来，士卒不为自己效命。为了维系军心，侯景纵容士卒烧杀、抢掠、奸淫。在侯景的纵容下，叛军逢人便杀，见东西便抢，整个建康城内外到处躺满了尸体。如果哪家的门头高一点，叛军们便一拥而入，将人杀死，劫掠财物，并驱赶子女妻妾到军营之中肆意侮辱。不久，叛军缺粮，侯景便下令叛军到处抢粮，把所能搜到的粮食全部运往军营。如此一来，建康周围的百姓深受其害。由于叛军的抢劫，造成粮食奇缺，粮价扶摇直上。据载，当时米价高达一升七八万钱，有的地方甚至出现了人相食的惨象。侯景占领建康后，

陶牛车（南朝）

又派兵攻夺三吴(以吴、吴兴、会稽三郡为三吴)。三吴曾经非常富庶，但经过侯景之乱，遭到空前浩劫。本来一个繁荣的地方，现在成了一个“东西千里，只见莽莽白骨，不见人踪炊”的荒凉之地，对江南的经济造成巨大破坏。乱后，南方经济实力开始落后于北方，为隋的统一奠定了基础。

梁武帝死后，掌握各地军政大权的子侄们为了争夺最高统治权开始了大规模的自相残杀。

侯景虽然占据着建康，盛极一时，但令不出建康。那些皇子王孙们都希望借他之手，削弱对方的力量。有的人不惜投靠北周为自己夺取帝位，于是北周和北齐先后兴兵南下，占领了南梁大片土地，如重要战略要地益州、雍州等先后落入北周之手，使南梁失去了长江中上游的战略要地。

公元552年，侯景之乱终于被平定，但萧家子孙们的力量也消耗殆尽。在平叛中强大起来的将领陈霸先逐渐掌握了南梁的实权，最后废梁自立，改国号陈。梁自此灭亡。

点评

自梁武帝大同元年(535年)北方分裂为东魏、西魏后，东魏的高欢和西魏的宇文泰经常打得不可开交。双方都不愿意与梁朝交恶，因为这只能对另一方有利。而对梁朝来说，最好便是与东魏、西魏都友好相处，等东魏、西魏的实力被彼此之间的恶战消耗殆尽时，正好得渔翁之利。但梁武帝却没有这样做，而是利令智昏，接纳侯景，引狼入室，养虎为患，最后落得个身死国灭的下场，不免可悲，可叹！

相关链接

梁武帝萧衍小传

梁武帝萧衍(464—549年)，南朝梁的开国皇帝，字叔达，南兰陵中都里(现江苏武进县)人。他原来是南齐萧道成的族侄，性格果敢。南齐末年，他被任命为雍州刺史，镇守襄阳，乘机打造兵器，整治舟船，静等天下大变。齐永元二年(500年)，他以讨伐东昏侯萧宝卷为名，举兵攻入建康城，掌握南齐王朝的实权。齐中兴二年(502年)，他迫使齐和帝萧宝融禅位于己，正式称帝。萧衍在位四十八年，国家在政治、经济、军事、文化等各方面都有所发展。他颁布法令，禁止向官吏献礼行贿，积极倡导纳谏，对官吏进行监督；注重兴修水利，奖励农耕，减免赋税，减轻劳役，百姓安居乐业；建国学，开五经馆，修孔庙，亲自为太学生讲课，著述《孝经义》、《周易六十卦》等二百余卷。梁武帝统治时期是南朝历史上最为稳定富足的几十年。梁武帝一生尊儒崇佛，立佛教为国教，大建寺庙。他不但广建佛寺，而且为了替建康的僧人募化，四次舍身同泰寺，让手下大臣们先后以数亿钱赎回。唐代诗人杜牧写的“南朝四百八十寺，多少楼台烟雨中”就是当时建康城内外众多佛寺的写照。他还组织人马，举行辩论，攻击无神论者范缜及其“神灭论”思想。太清二年(548年)，降将侯景叛乱，攻破建康宫城——台城。梁武帝被囚禁在净居殿，仍念经不辍。四月，他因忧愤饥饿而死。

梁武帝博学多通，文武兼备，长于文学，善音律，工书法。《梁书刘孝绰传》称其“雅好虫篆”。萧衍生前重视钟繇、王羲之的书法，对钟繇、王羲之的艺术成就颇有精到见解。他把“殆同机神”作为书法的批评标准，不仅开唐人评王羲之之先声，最重要的是为品评书法确立了一项重视神韵的审美法则，从而也确立了自己在书法史上的地位。

侯景小传

侯景，字万景，朔方人，或云雁门人，即现在的山西朔州人。他从小便放荡不羁，乡亲们都很怕他。等到他长大后，因为骁勇有膂力，善于骑射，被选为北镇的戍兵，不久就立有战功。北魏孝昌元年，怀朔镇的鲜于修礼在定州叛乱，攻没郡县；又有柔玄镇兵杜洛周(又称吐斤洛周)率其党羽，复寇幽、冀，与修礼相会合，有大概十余万人。后来修礼被杀，部下纷纷溃散，怀朔镇将葛荣收集这些溃部，攻打杜洛周，消灭他之后尽占他的部属，被当时人称为“葛贼”。孝昌四年，魏明帝驾崩，太后胡氏临朝听政，天柱将军尔朱荣从晋阳入都城杀了胡氏，并诛其亲属党羽。侯景率军投靠了尔朱荣，被委以军事。之后，葛荣向南进逼，尔朱荣亲自率军讨伐，命令侯景为先驱。侯景到了河内，出击，大破葛荣的军队，并生擒了他，因功被擢升为定州刺史、大行台，封濮阳郡公。侯景从此开始威名显盛。

后来，侯景投靠了东魏丞相高欢，又于梁武帝太清元年(547 年)率部投降梁朝，驻守寿阳。公元 548 年，侯景拥立萧正德为皇帝，改元正平。不久，他起兵反叛，于太清三年(549 年)攻破建康，梁武帝萧衍被困饿死。侯景又立太子萧纲为皇帝，并自封为大都督。台城在久围之下，粮食断绝，城内发生瘟疫，死者十之八九。侯景进入建康后，放纵士兵们烧杀劫掠，建康一时成为废墟。侯景陆续派军在三吴地区大肆烧杀劫掠，于简文帝大宝二年(551 年)被陈霸先、王僧辩击败。侯景企图逃亡，却被部下杀死。

侯景起初在投降梁朝时备受宠遇。在寿阳(安徽寿县)时，侯景曾求婚于王、谢等世家大族，被先后拒绝。侯景进入建康后，王、谢二家被屠杀最惨，几乎灭绝。侯景之乱使南朝士族遭到沉重打击，对社会造成极大破坏，六朝古都的建康在当时记载："千里烟绝，人迹罕见，白骨成聚，如丘陇焉。"而中原冠衣，随晋渡江者百家，在侯景之乱中也大都被杀绝。

第四章

陈："隔江犹唱后庭花"

在平定"侯景之乱"中强大起来的陈霸先于公元557年废末帝萧方智自立，建国号为陈。历史进入了南朝最后一个朝代——陈朝，它也是南朝中国力最为弱小的朝代。这时候的南北实力已不如从前相等。经过"侯景之乱"，北方已强于南方，但由于北周和北齐的对峙，使陈在夹缝中生存了下来。但随着北周统一北方，陈最终被扫进了历史的硝烟中。

一、陈霸先篡梁建帝业

陈霸先，字兴国，小字法生，吴兴长城下若里（今浙江长兴县）人，汉太丘长陈实的后人，世代居住在颍川许县（今河南许昌东）。陈霸先的十世祖名叫陈达，西晋永嘉年间，陈达避乱，随西晋王室南迁到吴兴。陈达出任长城（长兴古县名）令，就在当地定居下来。

虽然到陈霸先时，陈达在长兴的子孙经过十世繁衍，已成了人数众多的大家族，但南北朝门阀制度盛行，长兴的陈家仍属寒门。

少年陈霸先喜欢读兵书，精于武艺，喜欢打鱼练武，起初在乡里做了个小官，担任里司（相当于今天的村长）。南朝制度，县下有乡，乡下有里，里司管一里地的事。后到建康做了油库的库吏。这些其实称不上什么官职。后担任新喻侯萧映（梁武帝侄子）侯府的传令吏。可见陈霸先年青时的艰难，他的仕途是从极低的职位开始的。但后来由于受到萧映器重，在梁大同六年（540年），萧映到广州任刺史，封陈霸先为中直兵参军，不久出任西江督护、高要（今广东省肇庆市）太守。

梁大同十年（544年），广州发生叛乱，叛军包围了广州城，萧映被围。当时广州城外有贼兵数万人，形势十分紧张。陈霸先在高要听到后，率领三千精兵日夜兼程，火速救援。到广州城外，看见叛军将广州重重包围，水泄不通，部属一时心生怯意，勒马不前，但陈霸先却不以为意。仔细思考斟酌之后，他决定采取游击战术骚扰敌军，以使敌人不能全心全意攻城。

叛军见状，只好先尽全力把陈霸先的军队消灭掉，于是以排山倒海之势扑了过来。陈霸先不慌不忙，命令前排马军向阵左右两端靠拢，现出后面两千多弓弩手来。一声令下，箭如雨发，敌军倒下一大片。统帅也不能幸免，被几名亲兵冒死抢了回去。叛军见主帅落马，顿时大乱，再不敢往前冲，而是四处溃散奔逃。近万军马乱纷纷人踩马踏，死伤不计其数。很快，陈霸先打败了叛军，解了广州之围。捷报传到建康，梁武帝深以为异，叹息不已，授陈霸先为直合将军（直合将军与其属官负责皇宫中合内等处之护卫，保护君主安全，在禁卫武官中处于机要地位），封新安子，邑三百户（从五品上），并派画师到岭南画陈霸先的像，送到建康亲自临观。

陈霸先像

梁大同十年（544年），萧映在广州病亡。陈霸先护送萧映灵柩回建康，行至大庾岭，正好遇上梁武帝下达的诏命，任命陈霸先为交州司马，领武平（今越南永安附近）太守，随新任交州刺史杨日票(biāo)前往交州讨伐李贲（bēn）。陈霸先将送丧的事交给了好友沈恪，并请他将自己的妻子儿女送回老家，自己带几名亲信又返回广州，聚集将士，筹措军资。陈霸先与杨日票的征讨大军于大同十一年（545年）十二月抵达交州。在恶劣的环境中，经过三年苦战，终于除掉了李贲，平定了地方叛乱，收复了交州（治在今越南河内市东北约三十公里处）、爱州（今越南清化市北）、德州（今越南荣市）、利州、明州等数州（约今北越全境）。公元548年，陈霸先领着本部将士返回高要复职，并被加授为督七郡诸军事。就在这一年，梁朝首都也被侯景围困，梁武帝饿死，萧纲被扶为傀儡皇帝。

陈霸先得知都城被围，立即准备救援，但从广州到建康，众多大大小小的地方藩镇势力或勾结侯景，或拥兵自重，层层设阻，处处为难，陈霸先不得不先清除这些藩镇势力。太清三年（549年）底，陈霸先派遣使者前往江陵，投到湘东王萧绎（梁武帝第七子）门下，取得了北伐的合法权。在战胜了各方割据势力后，陈霸先于大宝二年（551年）六月发兵南康，沿赣江北下。大宝二年十月，侯景残杀梁简文帝萧纲，十一月又自立为皇帝。大宝三年正月，陈霸先的南路征讨大军从豫章（今江西南昌）出发，这时已有士兵三万人，五千张强弩，两千艘船只，水陆俱下，另派五千人抵达湓口（鄱阳湖入长江口）。陈霸先与西路都督王僧辩会师后，于三月在建康与侯景展开了大决战，彻底摧毁了侯景的势力，不久侯景被部下杀死。十一月，湘东王萧绎就在江陵称帝，改大宝三年为承圣元年，他就是历史上的梁元帝。陈霸先奉命镇守在京口（今江苏镇江），王僧辩镇守在建康。

梁承圣三年（554年）九月，西魏军突袭江陵，王僧辩未及时救援，梁元帝被杀，朝臣与百姓中强壮者都被掠走，陈霸先的儿子陈昌、侄子陈

职贡图卷（萧绎作）

项因为都在梁元帝宫中值事，这次也被掳至长安。江陵几乎成了一片废墟。陈霸先与王僧辩商议，决定拥立梁元帝第九子萧方智为帝。这时，北齐也乘梁国战乱不止，实力大减，派兵南向，护送贞阳侯萧渊明登梁国帝位，企图扶植一个傀儡皇帝。王僧辩屈从于北齐的压力，于七月迎萧渊明到建康称帝。而陈霸先对王僧辩屈从北齐迎立萧渊明为梁帝深感不满，出于民族利益，九月，他在京口举兵，攻入石头城，诛杀王僧辩父子，废萧渊明，立萧方智为帝，是为梁敬帝。陈霸先任大都督，总摄梁朝军国大事，掌握了军政大权。

公元557年9月，梁敬帝萧方智提升陈霸先为相国，总领朝政，封为陈公，备九锡。10月，萧方智给陈公陈霸先晋爵为王。就这样一步一步地，陈霸先不断向皇帝的宝座靠近，很快就如愿以偿地登上了皇帝的宝座。

二、“玉树后庭花”——陈的灭亡

陈霸先称帝不到三年就去世了。在位的三年中，他选贤任能，政治清明，江南局势渐趋稳定。公元559年6月，陈霸先病逝宫中，时年五十七岁。他的侄子陈茜继位，是为陈文帝。陈朝宫廷多次发生骨肉相残的夺权惨剧，历经陈废帝、陈宣帝，直到公元582年，陈叔宝即位，他便是陈后主。在他的昏庸统治下，陈的国力更为衰弱，最后被隋灭亡。

陈文帝陈茜像

陈叔宝是宣帝陈顼的长子，生于江陵(今湖北省江陵县)。宣帝病死时，陈叔宝的弟弟陈叔陵一直有篡位之心，便想杀了陈叔宝。一次，叔宝在灵柩前大哭时，陈叔陵乘机拿出准备好的刀砍向叔宝，将他砍伤。叔宝慌忙在左右的护卫下逃走，然后派大将萧摩诃杀死陈叔陵，叔宝也因此登上了皇位。

后人称后主陈叔宝为“生于深宫之中，长于妇人之手”。在他即位之后沉迷于诗酒，专喜声色。后宫有一位侍婢名叫张丽华，本来是贫家之女，父兄以织席谋生。后主看到她后，被深深地迷住了。自武帝陈霸先开国以来，陈皇宫里的设施都很简朴。后主认为居处太过简陋，与他的身份不相符合，于是大兴土木，广建宫廷阁楼，弄得民不聊生，百姓怨恨不已。所造的新宫，根据史书记载，“高数十丈，延数十间，穷土木之奇，极人工之巧”。墙壁窗牖栏槛，都是用沉檀木做的，用金玉珠翠装饰，门口还垂挂着珍珠帘，里面还有宝床宝帐，珍奇宝物，都为古之罕见。楼阁中以积石为假山，引水为池，种植了大量奇树名花。每当微风吹过，香气数十里外都能闻到。

陈叔宝对张丽华的宠爱到了一种荒唐的地步，在处理国家大事时也让她坐在自己膝盖上共同商讨。后宫外戚犯法，只要向张丽华乞求，没有不代为开脱的。王公大臣如不听从内旨，也只由张丽华一句话，便即疏斥。因此当时世人说：“江东小朝廷，不知有陈叔宝，只知有张丽华。”可见其政治腐败。

陈叔宝还热衷于诗文，因此在他的周围经常聚集一大批文人骚客，其中以江总为首。他们这些朝廷大臣经常不理政事，天天与后主一起饮酒作诗听曲。陈叔宝还别出新意，将十几个才色兼备、会诗歌的宫女命名为“女学士”，才有余而色不及的，则命为“女校书”，供笔墨之职。每次宴会，在后主的带领下，众人“杂坐联吟，互相赠答，飞觞醉月”，但大多却是靡靡的曼词艳语。有文思迟缓者便被罚酒，最后选那些写诗写得特别艳丽的，谱上新曲子，令宫女们学唱。歌曲有《玉树后庭花》、《临春乐》等。流传最广的便是陈后主所作的《玉树后庭花》，其中“玉树后庭花，花开不复久”则成为有名的亡国之音。君臣酣歌饮唱，通宵达旦，并以此为常，所有军国政事都搁置不问。在君臣的穷奢极欲的统治下，江南民不聊生，国力逐渐衰弱下来。

与此同时，北方的北周在周武帝的改革下，国力渐渐地强大起来。

公元577年，北周灭北齐，北方又重新统一。周武帝死后，朝政逐渐落入外戚杨坚手中。公元581年，杨坚废掉幼帝宇文阐，自立为帝，国号隋，北周灭亡。杨坚就是历史上有名的隋文帝。在他的统治下，隋的国力愈加强盛起来，当陈后主即位后，他已经把目光放到了江南。而陈后主既不知道，也根本不作任何防备，终日还是喝酒吟诗作赋。隋文帝杨坚看到南方在后主统治下，国势日衰，民怨极大，认为统一天下的时机已到。公元588年，隋文帝下诏列举陈叔宝二十条罪状，还让人抄写了三十万份，在江南散发。同时以晋王杨广为元帅，率军五十一万人南伐。听到消息后，陈叔宝却自恃长江天险，不以为然，仍旧吃喝玩乐，还说道："王气在此，齐兵三次来过，周兵也曾经来到过，都被我们打败了。这次他们依旧会失败的。"由于在长江没有进行任何有效抵抗，隋兵很轻易地渡了江，沿江守将纷纷后撤逃跑。后主这才害怕起来，但向来懦怯，又不通军事，都不知道该怎么办！

等到隋兵攻入皇宫，后主仓皇无措之下，与张丽华、孔贵嫔三人抱成一团，一起跳入井中。隋兵四处搜寻不见，其中一个内侍指着井里说："在这里。"井里面漆黑一团，呼喊下不见有人应声，于是隋兵往下扔石头，才听到井里有求饶的声音。士兵用绳子拉上来，奇怪怎么这么重，本来以为后主体胖，出来后才发现后主与张丽华、孔贵妃是抱在一起的。隋兵看到后都大笑起来。据说三人被拉上来时，张丽华的胭脂掉在了井口，后人就把这口井叫"胭脂井"。就这样，一代骄主做了亡国之君，陈朝自此灭亡。

后主到京朝去见隋文帝，文帝宽赦他的罪，又给了他丰厚的赏赐。隋文帝在每次宴会上都不演奏吴音，怕让他伤心。后来陈叔宝竟对文帝要求："我还没有一个官名，无法与人交谈，给我一个官名吧。"文帝后来叹息道："陈叔宝毫无心肝。"监视的人说叔宝每天都喝醉，很少有醒的时候。文帝叹道："随他去罢，否则叫他如何过日？"杨坚见他昏庸无能，每天只是贪图享乐，不会成为后患，就没有杀他。可以说他的结局还是不错的了。

点评

陈霸先堪称是六朝英主，一代开国贤君。他出身贫寒，生逢乱世，身经百战，收拾的却是百废待兴的江山，在位时间很短就病逝了，而在北方也同时出现了才能不亚于他的周武帝。陈霸先是带着遗憾走的，虽然他不甘心，却又无可奈何！对于后主陈叔宝，杨坚是把他作为一个皇帝来批评的，但在陈叔宝的眼里，作诗谱曲才是正业，兴趣也全在这上面，管理国家不过是别人强加给他的“副业”而已。因而会出现在隋军兵临城下时，告急文书未曾拆开就被丢在床下的可笑事情。在我们看来，陈叔宝并不是一个好皇帝，甚至连及格都算不上。我们从他有如儿戏般的处理军国大事的行为中发现，从他每天不知疲倦的吟诗作赋中发现，让他做个文人墨客也许更合适。

相关链接

陈武帝陈霸先小传

陈霸先(503—559年)，字兴国，南朝陈吴兴下若里(今浙江省长兴县)人。初仕梁，曾辅佐王僧辩平定侯景之乱。天成元年(555年)，诛杀王僧辩，立敬帝，被封为相国，后封陈王。败北齐，清除王僧辩的余党，受百姓拥戴，后受禅为帝，国号陈，都建业，在位三年。

陈霸先是南北朝时期陈朝的开国皇帝，志向远大，恭俭勤劳。陈霸先的远祖是东汉晚期太丘县的县令陈实，世居颍川许县(今河南许昌东)。陈霸先的十世祖名叫陈达，于西晋永嘉年间避乱，随西晋王室渡江南迁。陈达出任长城(长兴古县名)令，就在当地定居下来。陈霸先青少年时打鱼练武，兴趣广泛。

陈霸先因出身寒门，起先担任过里司、油库库吏，不久，担任了新喻侯萧映(梁武帝侄子)侯府的传令吏。由于受到萧映器重，萧映任广州刺史时，授陈霸先为中直兵参军，不久出任西江督护、高要太守。梁大同十年(544 年)，广州爆发叛乱，萧映被围。陈霸先率三千精兵，一战解围，受到梁武帝瞩目。梁大同十一年，陈霸先受任为交州司马，兼武平(在今越南永安附近)太守，前往交州讨伐地方分离势力。交州平定后，已是梁太清二年(548 年)。梁朝首都建康被侯景围困，梁武帝饿死，萧纲被扶为傀儡皇帝。陈霸先得知都城被围，立即准备赴援，但从广州到建康，大大小小的地方藩镇势力或勾结侯景，或拥兵自重，层层设阻，处处为难。陈霸先以国家大局为重，与这些藩镇势力展开了顽强的斗争。太清三年底，陈霸先遣使往江陵，投到湘东王萧绎门下，取得了北伐的合法权。在战胜各种地方割据势力后，陈霸先大军于大宝二年(551 年)六月发兵南康，沿赣江北下。大宝二年十月，侯景残杀梁简文帝萧纲，十一月自立为皇帝。大宝三年正月，陈霸先南路征讨大军从豫章(今江西南昌)出发，这时已有军队三万人。陈霸先与西路都督王僧辩会师后，于三月在建康与侯景展开了大决战，终于彻底摧毁了侯景的势力。萧绎就在江陵称帝，即历史上的梁元帝。陈霸先奉命镇守在京口(今江苏镇江)，王僧辩镇守在建康。梁承圣三年(554 年)九月，西魏发兵突袭江陵，王僧辩未及时救援，梁元帝被杀。陈霸先与王僧辩反复商议，迎梁元帝第九子萧方智到建康，准备称帝。承圣四年(555 年)，北齐乘梁国多次遭遇兵祸之机，派兵南向，护送贞阳侯萧渊明来登梁国帝位，企图扶植傀儡皇帝。王僧辩屈从于北齐的压力，于七月迎萧渊明到建康称帝。陈霸先出于国家民族利益，于九月在京口举兵，杀死王僧辩，把萧渊明赶下台，萧方智登基称帝。陈霸先任大都督，总摄梁朝军国大事，分别于绍泰元年(555 年)底和太平元年(556 年)六月，先后击溃北齐的两次大规模进犯。

陈霸先有志于统一天下大业，平定侯景之乱后，曾亲自领兵三下广陵，企图收复失地。公元 557 年，梁末帝萧方智禅位，陈霸先称帝。陈霸先生逢乱世，尽管身经百战，收拾的却是百废待兴的江山，在位三年，任贤使能，政治清明，江南局势渐趋稳定。公元 559 年 6 月，陈霸先病逝，终年五十七岁。

陈后主陈叔宝小传

陈叔宝(553—604 年)，字元秀，南北朝时期陈朝末代皇帝，在位七年，年号至德、祯明。他是陈宣帝陈顼的长子。后主虽然身为太子，但是其皇位却来之不易。陈宣帝的次子、陈叔宝的弟弟陈叔陵一直有篡位之心，想杀了陈叔宝。宣帝去世，叔宝在宣帝灵柩前大哭，叔陵乘机拿着把磨好的刀刺向叔宝，正好砍向叔宝的脖子，幸好没有砍到脖子内部。叔宝在左右的护卫下慌忙逃出去，并派大将萧摩诃杀了叔陵。最后叔陵被杀，叔宝登上了皇帝宝座，就是陈朝末代皇帝——陈后主。

陈叔宝是一个荒淫的皇帝，只知道游宴玩乐，制作艳词，还大建宫室，滥施刑罚，弄得民不聊生，朝政极度腐败，国势日衰。而就在后主即位的前两年，一向与陈朝为敌的北周发生了一件改朝换代的大事：北周丞相隋国公杨坚废掉了年幼的周静帝宇文阐，自立为帝，建立隋朝，北周灭亡。而陈叔宝却一点也不防备隋朝。大陈祯明二年，即隋开皇八年(588 年)，隋文帝以晋王杨广为元帅，率八十总管、五十一万士兵南犯。陈叔宝恃长江天险，不以为意，照样吃喝享乐，还说："王气在此，齐兵三次来，周兵一再来此，无不摧没。这次来者必自败，不用担心。"第二年(大陈祯明三年，即隋开皇九年，589 年)正月，隋军分道攻入建康，陈叔宝与爱妃张丽华、孔贵妃避入井中，后被俘，陈灭亡。至此，长达四百多年的魏晋南北朝时代结束了。

陈叔宝死于隋仁寿四年(604 年)，享年五十一岁。

北 朝

第一章

北魏：中国历史上第一个重要的少数民族朝代

北魏是北朝的第一个朝代，它结束了北方五胡十六国的混乱割据局面，统一了北方。在它的一系列政策和改革下，北方开始民族大融合，经济文化也在一定程度上得到恢复和发展。作为中国第一个重要的少数民族朝代，北魏对历史的发展影响深远：均田制、府兵制一直延续到唐中期；三大佛教石窟也在此时开凿；《齐民要术》、《水经注》、《敕勒歌》、《折杨柳歌》、《木兰诗》也都为后世所熟知。

一、北魏王朝的建立

北魏是由少数民族鲜卑族建立起来的。其间充满了曲折和艰难，但是生活在北方苦寒环境下的鲜卑族硬是靠着不屈的精神最终在众多少数民族势力林立的北方建国成功，并统一了北方，使北方以统一的力量与南方对峙。

1.北魏早期的历史

建立北魏的鲜卑拓跋部，最初活动于大兴安岭北端东麓一带，过着游牧生活。大约从公元1世纪起，拓跋部开始南迁。东汉末年，鲜卑族的檀石槐政权瓦解后，许多鲜卑及号称鲜卑的部落、氏族在今内蒙古和

少林寺

山西北部一带活动，拓跋部就是其中之一，又称“索头鲜卑”，以游牧为生。这时出现了鲜卑早期著名的政治家力微，其姓氏是拓跋，他的部落便是鲜卑拓跋部。力微便是后来北魏皇室的先祖。

关于力微的出身，拓跋部一直流传着一个动人的神话故事。力微的父亲洁汾在一次狩猎中忽然看到了一位美丽的姑娘从天而降。姑娘对他说：“我是上天的女儿，奉命许配给你。”于是，洁汾便和她同宿一宿。第二天，天女要走了，并且约定明年此时相见。第二年，天女果不食言，不仅与洁汾见面，还给他带来了一个儿子。并且说，此儿会成为帝王，而且子子孙孙永为帝王。他们的这个儿子日后果然成为部落联盟首领，开拓了大片的领土，他就是被北魏朝廷尊称为始祖神元皇帝的拓跋力微。在拓跋力微的带领下，拓跋部落辗转迁徙到一片美丽富饶的草原上，鲜卑人把这里称做长川。在这里，鲜卑人开始繁衍，并逐渐强大起来，使草原上的各个部落悉皆畏服。拓跋部人多马壮，威震草原，史称“控弦上马二十余万”。

公元258年，拓跋力微八十五岁的时候，拓跋部来到云中郡成乐城，并将成乐更名为盛乐，成为实际意义上的都城。拓跋部的强盛使拓跋力微开始有资格图谋草原上的霸权，他想建立一个更为强大的部落联盟，像檀石槐那样的鲜卑联盟。在迁到盛乐同年的4月份，拓跋部举行了祭天大典，同时要求草原各个部落的首领们都要前往助祭。有个白部的首领没有来，力微便派兵杀了他，使远近的草原部落先后都归附了鲜卑拓跋部。而盛乐祭天成为拓跋力微向草原诸部宣示自己权力的手段，拓跋部也确立了自己在部落联盟中的主导地位。力微更是将各部的权力牢牢掌握在自己的手中，当起了他的世袭部落联盟首领。

同时，拓跋力微也吸取前代匈奴和东部鲜卑的教训，大力主张与中原王朝通好，并采取与中原王朝和亲的政策。和亲政策对他的后代产生了深远的影响。在代国被前秦灭亡的一百多年间，拓跋部很少与中原王朝发生冲突，这使其得到平稳发展，逐渐强大，但却由于软弱不思进取

供养大利菩萨（北魏敦煌壁画）

的态度决定了日后一度被灭亡的命运。公元261年（曹魏景元二年），拓跋力微派他的儿子沙漠汗到魏国学习先进的文明。在此期间，虽然司马氏篡魏建立晋朝，但两国之间依旧保持良好的关系。当然对晋王朝来说，拓跋部只是他的藩属而已。而且不管力微表现得多么诚恳,晋王朝当权的士族对北方的游牧民族仍旧抱有很深的戒备之心。沙漠汗在洛阳待了大概十六年。从这方面来看，拓跋部是个勇于改变的民族，古老而恒久的希望——过上美好生活的愿望，促使他们从接受匈奴的草原文明再到虚心向农耕文明学习，这一点是难能可贵的。看到王子沙漠汗学成归来所表现的先进的汉文化，部落中的贵族清楚，一旦这位受汉文化熏陶出来的王子继承汗位，肯定会改变草原的各种制度，让他们现在的权利受到损害，于是联合起来向力微施压，沙漠汗的几个兄弟也加入了进去。沙漠汗最后被杀害了，而他也是拓跋部第一个因为汉化被杀的人。事后，力微越想越伤心，一病不起，不久就死了。史载他活了一百零四岁，可谓是中国罕有的长寿君主。

2.代国的建立和灭亡

西晋末年，拓跋力微之孙拓跋猗卢，因为曾经帮助西晋并州刺史刘琨与匈奴族刘聪、羯族石勒对抗有功，而被西晋政府封为代公，进而封为代王。公元338年，拓跋什翼犍即代王位，他设置官职，制定刑法，国家机构逐步趋于完善。然后，什翼犍开始进行大规模战争，掳掠数以万计的人和牲畜。他把这些战利品的一部分按功劳大小赏赐臣下，牲畜变成了私产，俘虏变成了奴隶。此时，鲜卑拓跋部开始进入了奴隶社会。

拓跋什翼犍是拓跋部杰出的首领，从小被送到后赵做人质，在那里学到了不少先进的汉文化。公元338年，拓跋翳槐去世，留下遗命让什翼犍回国继位，但国内贵族认为什翼犍远在中原，后赵不会放他回来，于是就准备立什翼犍的弟弟拓跋孤。而拓跋孤却不愿登基，反而跑到后赵那里要求替换什翼犍。这种舍身让国的义举感动了后赵君主石虎，于是放了兄弟俩，让他们回归塞上。

登基之后，十九岁的什翼犍毅然脱离后赵，在繁畤（今山西浑源县西）自称代王。公元340年，什翼犍在云中郡盛乐筑新城，修建盛乐宫，确定为代国的新都城，一改游牧民族王廷的游动性，确立了固定的政治中心。拓跋代国开始慢慢地由奴隶制向封建化转变。同时又陆续发动了对高车、没歌等游牧部落的战争，并最终打败了草原另外一支强大的势力——匈奴铁弗部。铁弗部首领刘虎兵败而死，其子刘务桓归顺代国，什翼犍将女儿嫁与刘务桓，通过这次联姻把铁弗部置于统治之下。一统大漠，雄霸草原，什翼犍也算是一代有作为的君主。与此

新疆库车库木吐喇石窟中的菩萨图（北朝）

同时，冉闵兴起，中原大乱，什翼犍也曾想南下中原，但遭到了代国联盟首领们的纷纷反对，他没有坚持自己的意见，最终为自己的不思进取付出了惨重的代价。

什翼犍为人宽厚，当时草原代国绸布丝帛奇缺，有个大臣叫许谦的偷了两匹绢，看守发现后向他报告，什翼犍却将此事隐瞒起来，觉得不应为了钱财而使人受辱。在征伐战争中，什翼犍被流矢射中一只眼睛，后来抓住放箭的人，部下上前准备把那人杀死，为他一解心头之恨。什翼犍却命人把射箭的人放了，并对众人说："各为其主，何罪之有？"

正是凭借他的宽厚仁恕，拓跋联盟平安地度过了三十八个年头，联盟内部相安无事，人口不断增长。在此期间，代国联盟仅发生过匈奴铁弗部的叛乱，刘务桓死后，其弟刘阏头对代国心存二心，什翼犍巧施妙计，分化铁弗部内部各派，再以武力震慑，压制住铁弗部。后来，刘虎的孙子刘卫辰做了部落首领，在前秦的支持下公开脱离代国联盟。于是在公元367年10月，什翼犍率兵攻打铁弗匈奴的游牧地朔方（在今鄂尔多斯高原一带）。当时黄河虽有冰块但尚未封冻，什翼犍想出一条妙计，派兵用苇子编成粗绳以阻挡流动的冰块，再把分散的冰块连在一起，命人把苇子散在冰上，待气温下降，冰和苇冻在一起，就成了一座浮桥。拓跋代军顺利渡过黄河，出其不意地出现在朔方郡，刘卫辰没想到代军这么快就渡过黄河，措手不及，只得仓皇逃走。

刘卫辰率残余的部落投靠了前秦，当时前秦的君主苻坚送他返回朔方，并派兵帮助他防守。为了彻底击败匈奴铁弗部，公元374年，什翼犍再次率兵攻打刘卫辰，刘卫辰遂向前秦求援。公元376年10月，秦主苻坚挟亡凉之声威，率大军兵分三路进入大草原，意图与拓跋代国一决生死。但这时的什翼犍正在病中，不能亲自出战，因此先派联盟中的白部、独孤部抵御前秦大军，均未获胜。陆续又派南部大人刘库仁率十万骑兵抵抗，与秦军在云中盛乐宫西南的石子岭发生激战，再次遭到惨败。不得已，什翼犍率领部众逃到阴山的北面。"虎落平阳被犬欺"，备受拓跋代国压迫的漠北高车部落乘机四面掠夺，使得部众根本无法生存，幸好前秦军见代军北遁，自己也没有远渡大漠的准备，于是退兵君子津（今内蒙古托克托黄河渡口），什翼犍才得以复返漠南。

这时，拓跋部内部却发生了惨烈的政变。当初，拓跋什翼犍把国土的一半封给了弟弟拓跋孤。拓跋孤死后，儿子拓跋斤失去了继承父亲职位的权利，因而心怀不满。拓跋什翼犍的嫡长子拓跋寔及弟弟拓跋翰早亡，拓跋寔的儿子拓跋珪年龄尚幼。慕容妃的儿子拓跋阏婆、拓跋寿鸠、拓跋纥根、拓跋地干、拓跋力真、拓跋窟咄全都年长，由谁来继位还未确定。因为当时前秦的军队尚在君子津，离盛乐不远，慕容妃的儿子们每到夜晚都手持兵器警卫。于是拓跋斤借机劝说拓跋什翼犍的庶长子拓跋实君说："代王将要立慕容妃的儿子为继承人，想要先杀死你，你看慕容妃的儿子们每到夜晚都全副武装，领兵环绕庐帐，只等窥探好时机后就要动手了。"拓跋实君信以为真，于是发动政变杀掉了弟弟们，同时也将父亲什翼犍杀害。当晚，慕容妃儿子们的妻子及其部属逃往秦军的大营。秦将李柔、张蚝率兵赶到云中，代国部众溃逃，国内大乱，代国亡国，拓跋珪的母亲贺氏带着拓跋珪投奔娘家贺兰部。

3.拓跋珪建魏

苻坚征服了拓跋部后，部落离散，余众被分为东西二部。苻坚任用匈奴铁弗部卫辰和刘库仁代为统治。贺氏带着拓跋珪开始了流亡生活，首先投靠了刘库仁。那时拓跋珪虽还年幼，但性格刚强，连刘库仁也认为他是一个能恢复祖宗大业的人，因此对他始终怀有戒心。等到刘显继承父亲刘库仁任将，统领北方各个部落后不久就准备除掉拓跋珪。后因商人王霸通风报信，拓跋珪才幸免于难，继续过着流亡生活。

淝水之战后，前秦政权被推翻，北方短暂的统一又为分裂割据所替代。拓跋珪乘势纠集诸部，于东晋孝武帝太元十一年(386年)一月在牛川(今内蒙古锡拉木林河)召开部落大会，继承代王位，下设南北部大人统领诸部，并制定了各种规章制度，稳固了自己的统治。同年四月，拓跋珪称魏王，改国号为魏，这就是北魏。

拓跋珪即代王位时，整个北魏还处于分裂状态，护佛侯部和乙弗部就脱离北魏而独立出去。为了稳固地位，统领各部，使自己成为塞上一支强大势力，拓跋珪即位后就开始了巩固势力、扩大地盘的一系列战争。首先，他依靠前燕国的支持击败了刘显部和窟咄的入侵，使北魏南部边境得以安定。此后，拓跋珪由守转攻，开始了北征西讨。登国三年(388年)五月，大破库莫奚部，保证了北部安定。同年，拓跋珪率军西征，先攻解如部，又大破叱突隣部和高车诸部，在前燕军支持下进攻贺兰、纥突隣、纥奚等部落，迫使纥奚部大人库寒和纥突隣部大人屈地鞭率部归降魏国。至此，西部部落对北魏政权的威胁基本解除，北魏的主要敌人只剩下刘卫辰了。登国六年(391年)，刘卫辰派子直力鞮进犯北魏，拓跋珪率军迎击，在五原(今包头市西北)大败直力鞮军。不久再次打败并生擒了直力鞮，而且获得了刘卫辰的尸体，枭首示众。鲜卑拓跋部至此成为塞外最强大的部落。

铜牛车(北朝)

在北魏政权得到初步的巩固后，拓跋珪向外扩张，开始了统一中国北方的大业。首先，他把目标放到了邻国后燕。后燕皇帝慕容垂是拓跋珪的外公，曾支持过拓跋珪消灭塞外诸部。但随着拓跋珪势力的日渐壮大，慕容垂也深感不安。当他看到拓跋珪已经对后燕的统治构成了威胁，再加上自己曾以帮助攻打塞外诸部有功向拓跋珪索求良马遭到拒绝，于是对拓跋珪日益不满，意图削弱其势力。拓跋珪此时也把后燕看做其扩张势力的绊脚石，决心将它搬掉，双方矛盾加深。登国六年(391年)，慕容垂首先派其子慕容贺麟在赤城大举进攻归附北魏的贺讷部，拓跋珪立即派兵救援，迫使慕容贺麟离去。四年后，慕容垂又令其子慕容宝率兵占领了北魏的属地五原。拓跋珪采取避其锋芒、集中优势兵力歼灭敌人有生力量的战略，一面向后秦王姚兴征兵，扩大兵力；另一面率大部队转移到河南(今内蒙古伊克昭盟)，等待时机出击。同年十月，慕容宝因出兵五个月没有达到与北魏主力决战的战略目的，反而造成自己军队疲惫，士气低落，加上塞外严寒冰冷，被迫撤兵。拓跋珪乘机率精骑两万人穷追到参合陂，以迅雷不及掩耳之势冲入尚未清醒的后燕军中。后燕军大败，死伤无数，数千人被生擒，仅慕容宝单骑逃走。拓跋珪坑杀了全部俘获的后燕将士，后燕国力开始衰弱。

公元396年，慕容垂在再度进攻北魏的途中病死，慕容宝继帝位。拓跋珪利用后燕新帝地位不稳的机会，亲率北魏四十万大军大举进攻后燕，很快占领上谷、并州二郡。后燕重地只剩中山(今河北定县)、邺(今河北临漳县西南)、信都(今河北冀县)三城未被攻占。拓跋珪面对慕容宝坐守中山、固守城池、不易急攻的情况，为了避免军队的重大伤亡，采取围而不攻、各个歼灭的策略。他先以重兵围困邺和信都，撤去中山城的围困，等到慕容宝派人出城抢粮，后燕国人心涣散的时机，乘势进攻，取得了胜利。信都守将张骧和徐超率众举城投降。慕容宝得知后，撤出中山城，重新组织军队，力图与拓跋珪决一死战。拓跋珪也率军紧追不放，双方在佰肆坞这个地方展开激战。起初，后燕军先发制人，乘夜攻入北魏军营，直捣拓跋珪军帐。北魏军一时惊慌失措，后经拓跋珪出面方才稳定下来。拓跋珪命令骑兵冲击后燕军，后燕军不敌，四处溃散，死伤一万多人，被俘虏达四千多人，慕容宝逃跑，北魏尽得其辎重。不久，后燕将军李沈、王次多、张超等先后投降拓跋珪。慕容宝见大势已去，加上担心先前逃出中山的弟弟慕容贺麟占据旧都和龙，不得已率其妻子、宗族数千人北奔和龙。

慕容宝逃跑后，中山城内立慕容普麟为主。不久，慕容普麟又被先前逃出中山而又复入城中的慕容贺麟杀死，加上粮草缺乏，人心浮动。为了转移矛盾，慕容贺麟亲率两万军队出中山到新市抢掠，拓跋珪领兵追击，急攻慕容贺麟，后燕军大败，被杀九千余人，只有慕容贺麟一人逃走，到邺后被慕容德杀死。后燕公卿、将吏两万余人投降北魏，中山城最终落到了拓跋珪手中。拓跋珪扩张的信心大增，于是长驱直入中原，攻取晋阳、邺等名都重镇，尽占今天河北、山西二省之地。

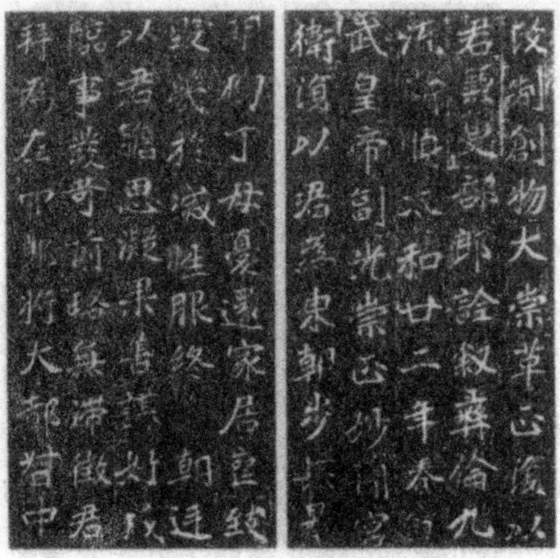

崔敬邕墓志拓片（北魏）

在向外进攻的时候，拓跋珪还平定了北魏的内乱。他先于皇始二年(397年)二月派安远将军庾岳出兵平定在佰肆之役归降的贺兰部联合反叛，继而在天兴元年(398年)四月镇压了匈奴族首领呼廷铁，西河的匈奴族首领张崇，广平太守、辽西公元意烈等人的谋反。此外，也镇压了渔阳(今北京市密云县西南)乌丸族民众的反魏起义。

天兴元年(398年)七月，拓跋珪定都平城(今山西大同市东北)，营造宫室，建筑宗庙，设立社稷，正式即皇帝位，同时改年号为天兴，史称道武帝。

4.拓跋珪时期的统治政策

拓跋珪称帝后，除了在天兴二年（399年）亲率三路大军向北出击大破高车部落，解除北方边境的威胁以外，随着国内局势的稳定，基本上没有再进行大的军事行动，注意力集中转向了国家建设。由于早年颠沛流离的生活，后来连续不断的征战，使他逐渐学会了总结经验教训，学习他族的长处。为了谋求更好的治国之道，他从立国之初就开始大量任用汉人士族，接受汉族先进文化，把北魏逐步引导到封建化的道路上。

拓跋珪为了巩固皇权，建立起专制主义中央集权体制。天兴元年（398年）定都平城后，他仿照汉制建宗庙、社稷，并下令董谧制定出一整套封建的祭祖、祭庙、朝拜皇帝及其他方面的礼仪制度；同时采纳汉士族出身的崔玄伯的建议，认为北魏统治是得阴阳家五德终始说中的土德，土色黄，因此北魏的礼服都用黄色；又让王德定律令、申科禁；太史令晁崇造浑仪，考天象，从而使国家机构逐步完善起来并纳入封建化的轨道。同时，拓跋珪意识到，要保证其政权的稳定性，必须使鲜卑贵族封建化。因此，在立国之初就推行爵位制，令邓渊建立爵品，爵位分公、侯、伯、子、男五等，鲜卑贵族按爵位受封邑。五等爵制的推行，使鲜卑贵族成为封建的士族地主，与汉族士族相高下，打破了“华夷有别”的观念，形成鲜汉一体的统治局面。

拓跋珪为建立封建制度，早在皇始年间（396—398年）初建立台省时，就令尚书以下的官吏由文人充任。拓跋珪一面任用文人统治，一面加强对官员的考察。尤其在称帝以后，令王德约制定法律，严惩违法官吏。天兴元年（398年）迁都平城不久，拓跋珪即派使者到各处郡县巡察，发现有不守法的官吏立即上报，由他亲自审核处理。拓跋珪还注重文化教育，以儒家思想作为统治工具。出于统治需要，他以春秋大义作为受命而王的理论根据，千方百计扩大儒家思想的传播和培养儒家思想人才。称帝的第二年，他就诏令设立《五经》博士，增加国子太学学生三千人。天兴四年（401年），又集博士、儒生比较各种经文、义类相从，编成四万多字的《众文经》，深入传播了儒家思想，并成为他加强中央集权统治的思想和理论基础。

北方社会经过十六国时期的社会大动荡后，百姓流离失所，土地大片荒芜。拓跋珪即位后，采取许多措施稳定民心，将百姓安置在土地上，发展农业生产。进入中原后，他又采取"息众课农"政策，让原属游牧的民族定居下来，弃牧从农，扩大了农业生产，增加了国库收入。到登国初年，他进一步规定将部落的部民编入户籍，解散原来的部落，使部民分别定居于一定的土地上，即使酋长也不例外，使其失掉原来的部落。拓跋鲜卑逐渐完成由游牧生活向农耕生活的过渡，社会发展进入到封建社会。随着农耕生活的出现，农业生产变得日益重要起来，拓跋珪对发展农业的重视也日益加强。登国九年（394年），拓跋珪派东平公元仪在黄河以北的五原到棝阳塞外建立屯田，以解决官粮。平定中山城后，拓跋珪在返回平城的途中将山东六州百姓及徒伺、高丽等族二十六万人，加上百工伎巧十余万人一起迁到平城安居落业，拨给耕牛，实行计口授田。此

彩绘石雕菩萨立像

外还在京畿外实行课田制，派官向农民征收赋税。拓跋珪在京城实行的计口授田和在畿外实行的课田制实际上就是后来魏孝文帝推行均田制的起源。同时为了维护刚刚建立的北魏政权，拓跋珪还推行大族豪强迁离本地的政策，下令各地豪强脱离依附的土地和民众，使他们丧失了反抗的人力和物力基础。天兴元年（398年），他一次就将六州二十二郡的守宰、豪杰、吏民两千家迁到平城，一方面是为了加强平城的经济实力，另一方面则将这些人置于北魏政府的控制之下。

拓跋珪建立北魏的时候，关中还有羌族建立的后秦政权，南方有东晋政权，北方有游牧民族柔然（又称蠕蠕、芮芮）的威胁。拓跋珪一面治理国家，一面保证边境的安定。天兴五年（402年），后秦姚兴派其弟姚平领军四万人进攻北魏，攻陷平阳（今山西临汾西南）。拓跋珪以毗陵王拓跋顺、长孙拓跋肥等领军先行，自己则亲率大军做后盾反击后秦的进攻，最后将姚平包围在乾壁（今山西襄陵县东南）。双方展开大战，秦军大败，姚平投降。北魏俘虏后秦高级官吏四十多人，秦军三万多人。当时，北魏将领想乘胜攻取后秦占领的蒲坂（今山西永济县），拓跋珪担心北方敌人乘机进攻，没有继续进兵，统一北方的任务最后由其后代拓跋焘完成。对于南方的东晋政权，拓跋珪也有意进兵。天兴六年（403年），他准备进攻江淮地区，但最终因为国力不足，未能进行，使南北基本上一直处于对峙状态。

北魏在拓跋珪的精心治理下，国势日渐增长，他却不幸于天赐六年（409年）在宫廷政变中遇刺身亡，年仅三十九岁。作为北魏国的开国皇帝，拓跋珪为建立北魏国东征西讨，立下汗马功劳。建国后，他又采取一系列政治、经济、文化措施，为北魏走上封建化的道路奠定了基础。

二、北魏王朝的巩固和发展

拓跋珪去世后，虽然发生了宫廷政变，但规模不大，危害很小，对北魏影响不大。北魏进入了巩固发展时期，尤其到拓跋焘在位时期，扫除了十六国的分裂割据局面，统一了北方。从此北方进入了北朝时期，并与南方成南北对峙的局面。

1.北方的统一

拓跋珪死后，长子拓跋嗣继位，在位十五年就去世了，其子拓跋焘继位，这就是世祖太武帝。拓跋焘在位时期，北魏开始了统一北方的战争。

拓跋焘，一名佛狸，自幼聪明，胸怀大度，是北魏一位杰出的君主。他即位后，采取了一系列措施，如整顿税制，分配土地给穷人，安置流民，让大批汉人参政。这是为了加强北魏的封建化进程，加强与中原地主的结合，从而稳定社会，发展经济。这些措施使北魏国势日盛，为其统一北方奠定了坚实的政治经济基础。

而此时的北方正处于十六国的后半期，北魏在拓跋焘即位后日益强盛，南方的东晋已为刘裕的刘宋王朝所取代，北方还处在西秦、夏、北燕、北凉等割据政权的并立与纷争中，同时北魏的北边还有柔然经常南下侵扰。拓跋焘即位后，就把平定北方提上了议程，但对于先取何方，朝廷内部一直争论不休。等到始光三年（426 年），西秦主乞伏炽磐遣使朝魏，请求征讨夏国。北魏大臣们仍旧意见不同，有的主张先伐柔然稳定后方，有的主张先伐北燕。北方士族出身的崔浩则认为夏国国土不过千里，且政刑残虐，民怨沸腾，有利于先行打败它。拓跋焘举棋不定，但到了九月，拓跋焘闻夏主赫连勃勃已死，子赫连昌嗣位，内部不稳，于是决定先攻夏国。夏国位于关中，建立者为赫连勃勃，属匈奴族铁弗部，其父刘卫辰就是拓跋部的死敌。赫连勃勃起初依附于后秦姚兴，后自立，攻取长安后，占有关中，随即称帝，以统万为都城（今内蒙古乌审旗南白城子），因生性残忍，随意屠杀臣民，搞得国内人人都痛恨他，国力很是衰弱。北魏先征夏国，应该说是正确的选择。拓跋焘率大军分兵二路，一路攻长安，一路攻统万。这年九月，派遣司空奚斤等人率军奔袭蒲坂（今山西永济县西蒲州镇），指向长安。十月，拓跋焘自率主力进攻统万。十一月，奚斤这一路军还没有到达蒲坂，夏国守将赫连乙升立即弃城西逃长安。奚斤轻取蒲坂后，兵至长安，夏国长安守将赫连昌的弟弟赫连助兴与赫连乙升等弃长安西奔安定（今甘肃泾川县北）。十二月，奚斤占领长安。而拓跋焘在进攻统万城时，因为城池太过坚固，没有攻克，只掠夺了十余万匹牛马、一万多民户返回。始光四年（427 年）正月，赫连昌反击北魏，派遣其弟赫连定进攻长安，与魏守将奚斤对峙。拓跋焘闻讯后，吸取上次经验教训，打造了大量的攻城器具，再次征讨夏国。他一面增兵长安，加强防守，一面大规模进攻统万。四月，命司徒长孙翰等率三万骑兵为前驱，常山王拓跋素等率步兵三万人为后继，南阳王拓跋伏真等率步兵三万人负责攻城器械，将军贺多罗领精兵三千人为前锋，担任搜索之务。五月，拓跋焘亲自离开平城西进。六月初，拓跋焘率轻骑两万人兼程抵达统万城下。此时，夏主赫连昌坚守不战，企图盼望长安赫连定来救援他，以便实施内外夹攻的计划。拓跋焘为了诱敌出战，先假装退却以示弱小，又派遣军士诈降谎报说，魏军粮草快要用尽，兵力也不多了。赫连昌信以为真，开城以步骑三万人列阵，与魏军大战。拓跋焘大喜，亲临战场，不顾马倒身伤，镇定指挥。这时突然刮起东南风，顿时飞沙扑向魏军，有人建议暂时收兵以避风沙，大臣崔浩呵斥阻止，指出决胜就在今日，并建议分兵夹击。拓跋焘采纳了崔浩的计策，分兵两侧，夹击夏军。结果，夏兵大败，赫连昌带数百骑逃往上邽（今甘肃天水市）。拓跋焘率军入统万，掠获无数牲畜珍宝。进攻长安的赫连定听到统万为魏军所破，也忙退军到上邽。

公元428年2月，魏军追击到上邽，夏主赫连昌中伏被擒。赫连定收编夏军余众逃到平凉（今甘肃平凉市西），并在此称帝，不久击退魏军，反攻又奇取长安。而此时北魏北边的柔然不断南下，侵扰严重，拓跋焘只好暂时停止攻灭夏国的战争，转而北击柔然。柔然是一支北方的游牧部族，游猎于大漠南北，经常南下掠夺牲畜和奴隶，严重威胁北魏边境的安全，阻碍了北魏统一北方。公元429年，北魏开始大规模反击柔然。这年4月，拓跋焘亲率大军北伐。魏军深入大漠，大败柔然，同时降伏了另一游牧部族高车（又称敕勒），获牲畜人口数以百万计。此后柔然残余势力虽仍不时犯境，但程度已大为减轻。

在基本上解决了北方边患之后，拓跋焘又回头准备消灭夏国的残余力量。夏主赫连定也在联络南方的刘宋，计划共同对魏进攻，进而瓜分魏土。公元430年，拓跋焘一面分军抗击刘宋的北伐军队，同时恢复对赫连定的进攻，不久再一次攻克长安，占有关中。第二年，夏主赫连定灭西秦，掠民众十余万人，随即准备向北攻击北凉，在渡黄河之时，被吐谷浑王的军队捉住，下一年（魏延和元年）被送至魏的都城平城，为拓跋焘所诛杀，夏灭亡。

之后，拓跋焘又把兵锋指向了东边的北燕。北燕是由汉人冯跋所建，在今东北辽宁一带。冯跋自立后，称燕天王，建都和龙，史称北燕。冯跋废除苛政，下书轻徭薄赋，社会经济有所发展。冯跋死后，其弟冯弘夺位，杀冯跋的后代百余人，国势日衰。延和元年（432年）

六月，魏帝拓跋焘亲征北燕，同时派使者与刘宋议和，以防其北上。七月，魏帝率军经濡水（今滦河）到达辽西，进而围困和龙。冯弘虽然固守城池，但燕属的州郡却纷纷降魏。魏军又分兵攻占四周燕土，以孤立和龙。九月，因久攻和龙未下，拓跋焘引军西还。之后又来攻打了两次，均没有成功。北燕遣使求救于南方的刘宋王朝，刘宋赐冯弘燕王封号，但无力援救。不久，拓跋焘派遣乐平王等五将率骑四万人，又攻和龙。燕主冯弘深感自己孤立无援，想向高丽求援。太廷二年（436·年）二月，拓跋焘拒绝燕的求和，又遣将与辽西诸路魏军会攻和龙，同时遣使通告高丽等各方，以进一步孤立北燕，但高丽仍派兵迎冯弘。五月，冯弘弃和龙城逃往高丽（居二年后被杀），北燕亡。这时，北方的割据政权只剩下北凉了。

北凉占据河西（今甘肃一带），为匈奴族蒙逊所建。蒙逊祖上是卢水（今甘肃黑河）部落酋帅，父亲是前秦苻坚的手下官员，死后，蒙逊统治其部落，雄踞一方。不久，蒙逊起兵反抗后凉吕光，拥立京兆人段业，后又杀段业，自称大都督、大将军、凉州牧、张掖公，改元永安，先定都于张掖（今甘肃张掖西北），后迁都于姑臧（今甘肃武威）。蒙逊在位时，灭西凉，尽有酒泉（今甘肃酒泉）、敦煌（今甘肃敦煌西）等地，西域三十多个小国向他称臣，强盛一时。蒙逊死后，其子牧犍继位，没过几年，北魏就兵临其境了。魏太延五年（439 年）六月，拓跋焘率兵西讨北凉，以永昌王拓跋健等督诸军与常山王拓跋素二路并进为前锋。魏军进展顺利，北凉军没有作任何有效抵抗便纷纷退却。八月，拓跋焘率魏军抵达姑臧城下。九月，沮渠牧犍率左右文武五千人面缚，向北魏军投降，魏军占领姑臧。不久，又占领了张掖、酒泉等地，北凉灭亡。

至此，北魏王朝统一了北方，结束了历时一百多年的十六国分裂局面，从此与南方的刘宋政权并立，形成南北对峙的格局，而北方也进入了北朝时期。

2.太武帝拓跋焘的统治政策

拓跋焘统一了北方之后，开始重点转向对内的巩固和发展。为了维护自己的统治，有效地治理国家，他引入大批汉族士人进入北魏，不仅有效地缓和了汉族和少数民族的阶级矛盾，而且加速了鲜卑族的封建化进程。

政治上，拓跋焘积极引入大量汉族的政治制度。拓跋焘吸取了汉族的统治经验，在汉族士人的帮助下，以儒家学说为指导，大力整顿吏治。在北魏建国初期，百官无俸禄制度，各级官吏吞并公共财物的现象十分严重。地方官吏贪得无厌，截没大量官物入自己的私囊；武将侵吞军事物资，纵兵抢掠。官吏的贪婪聚敛增加了百姓的负担，成为社会矛盾激化的根源之一。拓跋焘对此采取了严厉措施，一方面多次下令严厉制止官吏的贪婪行为，并规定百姓可以告发贪污的地方官吏，以加强对地方官吏的检举督察；另一方面派人巡行察访了解官吏的政绩，对不称职者罢免，对恶行者更处以严厉惩罚。据史载，征西将军皮豹子侵没官财，被免职流徙统万；镇西将军王斤任意调发徭役，百姓实在忍受不了，拓跋焘调查确实后，处以斩刑；大臣丘堆借口军粮缺乏，纵兵掠夺，也被斩首。始光四年（427年），拓跋焘巡行中山时，一次就罢免有贪污行为的地方官十数人。由于拓跋焘统治时期处置严厉，大臣犯法没有赦免的，因此不少官吏都能勤于政事，客观上有利于人民生活和社会生产的正常进行。

北魏初期，虽然也有律令，但十分原始，带有严重的奴隶制法律的残酷性。拓跋珪时，随着拓跋族步入中原，开始吸取汉族封建律令。等到拓跋焘继位后，进一步修订律令，任用汉族士人崔浩、游雅、高允等先后三次更订律令，大量吸收中原汉族律令条文，使之更适合汉族情况。同时，拓跋焘也比较鼓励大臣进谏。一次，尚书令古弼奏请上谷（今河北怀来东南）一带贫民无田，要求缩减宫廷苑囿的土地，赐给农民耕种，但正好碰上皇帝与给事中刘树在下棋，拓跋焘显出不愿听古弼陈奏的样子。于是，古弼上前抓住刘树的头，把他从床上拉下来，并用手揪着刘树的耳朵，骂道：“朝廷不治，就是你的罪过！”拓跋焘看到这种情景，马上放下棋子对古弼说：“不听奏事，实在是我的过错。”并同意将苑囿占用土地的一半分给贫民。拓跋焘的纳谏虽然比不上后世的唐太宗，但在当时的社会历史条件来说，也可算是佼佼者了。

从这几个方面可以看出，拓跋焘在统治手段和制度上都较多地吸取了汉族的方法，因而使拓跋政权的封建化程度逐渐加深。

在经济上，拓跋焘也吸取了汉族统治阶级的传统政策，劝课农桑，崇尚节俭。拓跋族原是草原游牧部落，对农业生产方式比较陌生，入主中原后，面临的是以农耕为主的农业经济，而历代汉族政权也都是把劝课农桑作为一项最主要的工作来进行的，随着拓跋族对北方的统一，越来越认识到农业生产对社会稳定和发展的重要性。在拓跋焘的统治时期，他采取了一系列措施来发展农业。首先，一方面沿用魏晋以来的封建赋税制度户调式，凡有征发，由县长召集乡邑间的三长来计算确定课田的税率。另一方面又沿用历代汉族政权的做法，将劝课农桑作为衡量地方官吏政绩的主要标准，由刺史考查其优劣，确定官吏的升降与否，对那些侵扰百姓、私自征发、损害了农业生产的官吏，轻者罢免，重者以法律惩处。因此，在拓跋焘统治时期，北魏政府中不仅出现了不少勤于职守的地方官吏，而且黄河流域的农业生产也逐步得到了恢复。拓跋焘在生活上也向汉族中有作为的君主学习，是比较简朴的，衣食车马刚好够自己使用，不好珍丽，吃饭也是比较简单，没有什么山珍海味。不仅自己如此，还对后宫嫔妃也要求如此。当群臣建议大修平城宫殿时，拓跋焘明确表示：财政是军国的根本，不应轻易浪费，国家兴衰在于修德不在修城，拒绝了大臣们的建议。正是由于统治阶级的崇尚节俭，使老百姓的赋役负担也相应较轻，有助于社会经济的恢复和发展。

思想上，拓跋焘也向汉族封建政权学习，倡导儒学，崇尚文教。北魏初期，由于忙于征战，对此是很不在意的。拓跋焘统一北方后，开始把崇尚文教作为其统治政策的一个重要方面。太平真君五年（444年），拓跋焘发布宣文教令，认为此前因为侧重于军事，未宣文教，现在规定上自王公下至群臣百官，其子弟都要到太学接受教育。同时大力兴办学校，选拔儒家学者讲解经书。通过这些儒家学者的努力，北魏的教育事业走上了正轨，京师学业开始复兴。

拓跋焘还下令鳌理经籍。随着晋末动乱，随之又是一百多年的十六国分裂割据，中原儒家经籍的散失十分严重。在拓跋焘统治时期，任用一批儒家学者在整理经籍方面做了许多工作。如索敞编撰的《丧服要记》，将儒家经典中有关丧礼的篇章辑成一册，为拓跋族继承和吸取儒家丧仪礼节提供了根据和方便。其他如《易》、《乐》、《诗》诸经也都组织人力加以注释整理。拓跋焘还学习汉族编修史书的经验，下令修编国史，设定专门的史官，从而使绵延数千年的修史传统在北魏时期得到了继承和发展。

九色鹿王（壁画）

拓跋焘采取的崇尚文教政策，使中国传统的封建文化很快为拓跋族所熟悉和接受，不仅提高了拓跋族的汉文化水平，培养了一批精通儒家学说的拓跋族知识分子，从而成为以后孝文帝改制的社会基础与思想基础，而且更为有效地缓解了民族矛盾，巩固了自己的统治。

拓跋焘在政治、经济、思想文化领域中所推行的这些政策和措施对社会的稳定、经济的发展都有积极的作用，从而也加速了拓跋族的封建化进程。但是，由于拓跋焘并没有摆脱狭隘的民族局限，因此没有停止过对各族人民的压迫和剥削，所以民族矛盾和阶级矛盾仍然十分激烈。公元445年，关中地区就爆发了卢水胡盖吴领导的武装农民起义。

由于关中地区自魏晋以来已成为多民族的聚居区，生活着汉、匈奴、氐、羌、鲜卑、卢水胡、屠各等少数民族。北魏征服关中后，对这里的各族人民实行民族高压政策，强迫他们迁徙到京师平城，以加强控制。被迁徙者一路上颠沛流离，途中死去的人往往占到十分之三四，剩下活着的也被充作各种府营杂户，供封建国家各部门驱使奴役，生活极其悲惨困苦。再加上拓跋焘用兵西北，关中更是首当其冲，因此这里的百姓承受的赋役负担尤为严重。所以，关中地区的反抗斗争也特别激烈，时有发生，到太平真君六年（445年）九月，终于爆发了声势浩大的盖吴起义。起义军的规模宏大，差点动摇了北魏在关中的统治，拓跋焘亲自领军征讨才被镇压。在镇压盖吴起义的过程中，拓跋焘对沿途响应起义的各族人民进行了残酷的杀戮，意图以民族高压政策来扼杀反抗斗争，暴露了他作为统治者残酷的本性。

在拓跋焘的统治时期还出现了一件令人震惊的事件，那就是历史上有名的“太武灭佛”。佛教从东汉后期传入中国后，发展十分迅速，信仰的人也越来越多。拓跋族入主中原后，也接受了佛教这一思想武器，用它来弱化人民的反抗斗争。因此，从拓跋珪开始，北魏统治者大都礼敬沙门，优待僧侣。拓跋焘继位之初也是如此，每每引见有高德的僧侣，与他们共同谈论佛学。但是，随着佛教的发展，也为北魏的统治带来一些不利因素和影响。

首先，佛教势力的发展使佛教徒大量增加，而国家控制的编户人口则相应减少。拓跋焘在位时，东征西讨，南北设防，军事上需要大量的劳动力。虽然佛教所宣扬的理论在本质上讲是有利于封建统治的，但有些个别僧侣的夸诞大言，超越了封建政治统治的轨道，使得王法废弃，不能有效实行；尤其是北魏初期继承了汉代遗风，谶纬方术流行，无论朝廷民间都笃信不疑，拓跋焘也是如此，军政大事往往先予卜问。一些佛教徒也想借助于鬼神方术扩大其影响，这些都在一定程度上妨碍了拓跋焘皇权的加强。

太延四年（438年），拓跋焘下令五十岁以下的僧尼都必须还俗以担负征役，解决了来年西伐北凉所需的人力问题。太平真君五年（444年）正月，拓跋焘又下灭佛诏令，禁止百姓为逃避赋役而遁入沙门。尤其到了太平真君七年（446年），拓跋焘因镇压盖吴起义到长安，他的随从牧马到了一座寺院，发现里面藏有大量的武器，于是赶忙报告给拓跋焘，经搜查后又发现数以万计的赃贿之物和密室等不法证据。在大臣崔浩的进言下，第二年，拓跋焘发出了更为严厉的灭佛诏令：佛图形象及佛经全部击破焚烧，沙门中许多年老的僧侣尽被坑杀，从而将灭佛推向了高潮。经过拓跋焘的灭佛，北方地区的佛教势力一时陷于衰落，直到拓跋焘死后，继位的文成帝拓跋濬颁布了复佛法诏，才得以复苏并发展。

到拓跋焘晚年，也就是公元450年二月，他亲率步骑十万人进攻刘宋，连下南顿（治今河南项城西）、颍川二郡，进而围困悬瓠（今河南汝南）。宋军守城之人虽然不满千人，但却拼力固守，拓跋焘攻城四十二天仍然没有攻下，不久刘宋援军到达，只得退兵。虽然南征没有成功，但促使了刘宋“元嘉之治”的结束，刘宋国力开始衰弱。

拓跋焘在位期间，东征西讨，征战四方，最后统一了北方，成为北魏武功最为鼎盛的时期。他广泛搜罗汉族士人，整顿吏治，修订法律，劝课农桑，尊崇儒学，推动了拓跋族的封建化进程。

3.北魏名臣崔浩

崔浩，字伯渊，小名桃简，清河郡东武城(今山东)人。出身于北方高门士族，历经北魏道武帝、明元帝、太武帝三朝，官至司徒，参与许多军国大计，对促进北魏统一北方起了积极作用。后人称他为“南北朝第一流军事谋略家”。

崔浩作为军事谋略家，深为道武帝、明元帝和太武帝所器重。在北魏的统一战争中，崔浩参与了北魏王朝三代帝王重大的军事决策，为人多谋善断，算无遗策，屡建功勋，在北魏统一中国北方的一系列战争中起了重要作用。可以说，没有崔浩的帮助，拓跋焘是不可能统一北方的。此外，崔浩才艺通博，除了在军事和政治上的成就外，在天文、历法、法律、饮食、宗教等方面都作出过重要贡献。

拓跋焘曾经对崔浩说：“你才智渊博，而且历仕三世，为三朝元老，因此我对你特别看重。希望你有什么想法，直言相告，帮助我治理国家。我有时脾气不好，也许不能采纳你的建议，但过一会儿，却总觉得你说得很有道理。”他还曾指着崔浩，对新归降的高车族的酋长们说：“你们别看他纤弱不堪，手无缚鸡之力，但他胸中所怀却远远胜过甲兵。在我每次征战前犹豫不决的时候，都是他使我下定决心，而且总是大获全胜。这都是他的功劳!”

拓跋焘曾召集众位尚书，下令道：“日后凡是属于军国大事，你们不能决定的，都应先征询崔浩的意见，然后才可以实施。”拓跋焘对崔浩不仅信任，而且非常亲近。他有时到崔浩家中向他请教，崔浩接待皇帝仓促之间，来不及制作精美的食品，只好拿出家常菜肴，拓跋焘总是高高兴兴地拿起来就吃。崔浩进宫见驾，地点也不限于朝堂，甚至可以出入卧室。

然而就是这样一个深受尊敬又极为亲近的重臣，却在一夜之间遭到了灭族之祸，而杀他的正是太武帝拓跋焘。在崔浩掌权之后，企图按照汉族世家大族的传统思想整理、分别和规定氏族的高下，以巩固士族的优越统治地位。友人劝他不要这么做，但崔浩不听，因此得罪了众多的鲜卑贵族。崔浩之弟崔恬的女儿嫁给了王慧龙，王氏是太原大族。崔浩见王慧龙时，就说："不愧是王家男儿，真是贵种！"又多次对朝中的鲜卑贵族称赞他长得俊美。司徒长孙嵩听了很不高兴，就向太武帝告状，说王慧龙是从南方归降的，崔浩却这样尊崇南人，有看不起我们鲜卑国家的意思。太武帝大怒，把崔浩召来训斥，崔浩脱帽叩头不已，自责了很久才得到了宽恕。太子拓跋晃监国时，崔浩自恃才略和魏主的宠任，专制朝权，一次就推荐冀、定、相、幽、并五州士人数十人，而且刚开始就让他们为郡守。太子表示反对，认为郡守位置重要，不应该让这些没有任何政治经验的人直接担任地方官，但崔浩固执己见，最终把他推荐的人派出去任职，引起了许多鲜卑贵族的不满。

但给崔浩带来杀身之祸的直接原因，则是"《国书》事件"。太延五年(439年)十二月，太武帝命令崔浩监领秘书事，中书侍郎高允、散骑侍郎张伟参著作事，续修国史。太武帝叮嘱他们，写国史一定要根据事实。崔浩他们遵照这个要求，收集了魏国上代大量的资料，编写了一本魏国的国史。拓跋焘编写国史的目的，本来只是留给皇室后代看的。但是《国记》（后编成《国书》）修毕后，参与其事的闵湛、郗标建议把《国记》刊刻在石上，以彰直笔，同时刊刻崔浩所注的《五经》。闵湛、郗标巧言令色，平时以谄事崔浩而获得崔浩的欢心。他们的建议被崔浩采纳，太子也表示赞赏。于是，在天坛东三里处营造了一个《国书》和《五经注》的碑林。由于《国书》秉笔直书，叙述拓跋氏的历史，详备而无所避讳，其中有许多拓跋氏一族不愿让人知道的早期历史。而石碑树立在大路旁边，往来行人议论纷纷。鲜卑贵族看到后，无不愤怒，先后到太武帝面前告状，指控崔浩有意暴扬国家的丑事。太武帝大怒，命令收捕崔浩及秘书郎吏，审查罪状。崔浩被捕后，承认自己曾经接受过贿赂。其实他对自己究竟犯了什么罪，也不明白。太武帝亲自审讯他，使他惶惑不能应对。公元450年7月5日，太武帝诛杀崔浩。同时，秘书郎吏以下也都被杀，而清河崔氏同族无论远近，姻亲范阳卢氏、太原郭氏、河东柳氏都被连坐灭族，史称“国史之狱”。

北方士族在“国史之狱”中遭到了沉重打击。这次事件其实是北魏建国以来，鲜卑贵族与赵魏汉族大族之间的矛盾，而崔浩只不过是这种矛盾的牺牲品。不久，太武帝也后悔诛杀了崔浩，但事已至此，无法挽回。

三、魏孝文帝的改革

北魏自建国以后，经过整整一个世纪的努力，对北方的统治逐渐巩固，但是仍然存在许多严重的问题。随着时间的发展，这些问题严重影响了北魏的统治基础，使民族矛盾和阶级矛盾更加激化了。在这危急的时刻，发生了著名的魏孝文帝的改革。改革大体分两期进行，第一期在484年到486年间，主要改革政治、经济制度，是在冯太后的主持下进行的；第二期在494年迁都洛阳以后，着重改革鲜卑人的生活习惯，实行汉化。

1.改革的历史背景

北魏自建国以后，对北方的统治逐渐稳固，但是由于出身于少数游牧民族，落后的生产方式及生活方式已经不适合于先进文明的中原北方。随着北魏统治的不断深入，深层矛盾开始不断激化，导致许多严重的问题，甚至已经影响到北魏的统治和发展。到孝文帝即位时，他已经不得不面临这些矛盾和问题。而这时北魏存在的主要问题是经济落后，政令不通，阶级矛盾和民族矛盾十分尖锐。

在经济方面，自拓跋珪以后，北魏统治者虽然已经开始重视农业，并已初见成效，但受到鲜卑拓跋部长期游牧生活的影响，畜牧生产在经济生活中仍占有较大比重。无数农田被占为牧场，这时的农业生产还很难满足不断扩大的北魏统治机构以及其他方面对粮食的需求。

从行政上看，北魏在征服中原时遇到了许多汉族豪强地主建立的“坞堡”。这些坞堡占有大量依附人口，并拥有武装，当时北魏无法一一剿灭，只好承认既成事实，任命这些坞堡主为“宗主督护”，让他们代表北魏政府去行使基层政权的职能——向农民征发租调力役，维护社会的统治秩序。这样，北魏统治在大的方面巩固了，但在国内却出现了大大小小的独立王国，政令难以推行。坞堡主占有大量隐户，同时也影响了政府的财政收入。由于过度频繁的战争，北魏当时对所能控制的民户的剥削是相当惊人的。在建国初规定，每家每户调帛二匹、絮二斤、丝一斤、粮食二十石；又入帛一匹二丈给地方政府，以供往外调的费用。实际上农民的负担远远不止如此。由于征收户调是“九品混通”，宗主督护在评定户等时，抬高一般人民的户等，压低豪强大族的户等，从而把大部分租赋负担转嫁到一般百姓身上。再加上北魏初期，官吏没有俸禄，维持他们的奢侈生活全靠向人民搜刮，于是有的用大斗、长尺、重秤变相加重剥削，有的放高利贷，强迫人民借贷。腐败的吏治使百姓苦不堪言。

北魏统治者对各族人民的民族压迫更为残酷。在征服过程中，他们把大量的汉族和其他民族人民变为奴隶和杂户。在战争中，往往驱使汉族和其他民族的人民为步兵在阵前冲锋，鲜卑骑兵在后面督阵，步兵如不前进，往往被骑兵踏死，其残暴可见一斑。

在统治阶级内部，鲜卑贵族和汉族地主之间也存在着矛盾。一方面是因为政治经济利益的冲突，另一方面是因为民族差异，拓跋贵族对汉族地主始终存有戒心。特别是崔浩等汉族地主被杀以后，这种民族矛盾又尖锐地对立起来。

社会矛盾的激化导致了北魏政权的不稳定，也使各族人民的反抗斗争不断发生。据史书记载，自道武帝到献文帝，各族人民反抗斗争就有五十四次。其中公元 445 年在杏城(陕西黄陵)爆发的盖吴起义，人数曾达十万人，使“关内大震”，拓跋焘御驾亲征，才把起义镇压了下去。孝文帝即位后，从公元471年到487年的十七年中，就发生农民起义二十九次，甚至在首都平城也发生了反抗北魏统治者的斗争。

以上情况可以说明，北魏统治者如果还继续使用原有的制度和方法进行统治是很困难的。于是北魏政府中的一些有识之士深感必须改弦更张，进行改革，以缓和当时的阶级矛盾和民族矛盾。同时，大量荒地的存在和皇权的加强，也为改革提供了客观条件。魏孝文帝的一系列改革，就是在这种背景下进行的。

2.改革的主要内容

北魏孝文帝改革，在前期主要是在孝文帝的祖母冯太后的主持下进行的。孝文帝即位时只有五岁，开始改革时(484年)也只有十八岁。从他即位，到公元490年冯太后死，一直由冯太后临朝称制。冯太后是魏文成帝的皇后，从466年开始掌权，有较丰富的政治经验，是个很有作为的女政治家。冯太后死后，孝文帝亲政，继续进行改革。

改革大体分两期进行。第一期从484年到486年，主要改革政治、经济制度；第二期在494年迁都洛阳以后，着重改革鲜卑人的生活习惯，移风易俗，实行汉化。

在政治方面的改革，主要是整顿吏治和实行三长制。首先是整顿吏治。公元484年，北魏政府重新作出规定：地方任职的官吏在任期内按政绩好坏决定，而不固定年限。又规定官吏的俸禄由国家统一筹集，定期按品级发放，不许官吏自己筹集。同时加大反腐的力度，树立御史台权威，宗室亲王拓跋天赐、拓跋桢、元干、元提、元郁均因为贪污被削去官爵，或被判刑发配，甚至有的被赐死。并规定：百官凡贪污帛一匹以上及枉法者，一律处死。这年秋，朝廷派人到各地视察吏治，处死贪赃枉法的官员四十多人，吏治变得比较清明，也为后来的改革提供了保证。

公元486年，北魏又下令废除宗主督护制，实行三长制。其中规定五家立一邻长，五邻立一里长，五里立一党长。三长要求挑选乡里中能办事而且又谨守法令的人担任，其职责是掌握乡里人家的田地，检查户口，管理农民，征收租调，征发兵役徭役。通过实行三长制，废除宗主督护制，削弱了地方豪强地主的势力，使政府的政令能较好地贯彻到基层，北魏的基层统治机构也更趋于完善。

经济上的改革，主要是制定和推行均田制及新户调制。

太和九年(485年)，任魏主客给事中的李安世首先上书，建议实行均田制。当时北魏中央集权已经得到强化，政府手中掌握了大量无主荒地，北魏又有按人口授田的传统，实施这一政策也有了较大的可能性。当年十月，北魏发布均田调令，其主要内容是：

（一）男子年十五岁以上受露田(只种谷物)四十亩，妇人二十亩。为了轮种，露田加倍或加两倍授给。露田不得买卖，年老免课，身死还田。

（二）百姓原有土地为桑田，桑田是世业，不在还授之列，按制度每人可拥有三十亩。初受田时，原无桑田者，依制受田；桑田不足者依制补足，多余者将多余部分充做倍田；再有多余的也不充作露田来还授。随着人口的增减，多余部分可以卖出，不足部分可以买进，但买卖都不能超过应得份额。在桑田上，除种谷物外，还必须依制种上一定数量的桑、榆、枣树。非桑之乡给麻田，男子十亩，妇人五亩，还授法和露田一样。

（三）奴婢受田与良人相同。耕牛一头受田三十亩，限四年。

（四）对于地广民稀的地方，如果民还有能力，政府可以暂借土地任民超额耕种，以后人口增加或有新户迁来，再依制受田。对于土狭民稠的地方，增加的人丁应该受田但又无田可受，民又不愿迁徙到有多余土地的地方，以其家桑田抵充新丁应受的正田；如不能受足，则举家不给倍田；再不足，全家正田减额。愿意迁徙的人，可以任意到空荒之地，但不得逃避赋役。土地充足的地方，则不得无故迁移。

（五）官吏给公田，按品级依次减少，刺史十五顷，太守十顷，治中、别驾八顷，县令、郡丞六顷。离职时需移交下任，不得转卖。

紧接着，李冲在太和十年(486年)的奏疏中，提出了新租调法，其内容为：

一夫一妇每年出帛一匹、粟二石；十五岁以上未婚的男丁四人、从事耕织的奴婢八人、耕牛二十头，分别出一夫一妇的租调；在调帛中，每十匹以五匹为公调(入国库)，二匹作为调外的费用，三匹为内外百官的俸禄；平民年龄八十岁以上，允许一子不服役；乡中老弱病残及特困户，由三长内居民轮流赡养。新制实行后，旧的“九品混通”制便废除了。

以上政治、经济改革是一个有机的整体，北魏推行这些制度，一方面为了保持统治的稳定和政治的清明，另一方面尽量不触动地主阶级的基本利益。在这个前提下，通过授田和新租调制，把更多的农民束缚在土地上，成为国家的编户，以保证政府的租调收入和力役征发。在这些制度下，北魏吏治得到改善，百姓的生活水平也有一定程度的改善，社会比较稳定，国家财政状况也有所好转。对地主阶级而言，除了部分隐户被括出，利益受到一定的限制外，他们的基本利益并没有受到触动。相反，均田、租调制中关于原有桑田的不还不受，无限量的奴婢和丁牛的依法受田，奴、牛租调的轻微，荒地的任意开垦，多余的桑田可以买卖等项规定，都使他们得到了实际的好处和利益。地主土地私有制的膨胀，后来成了破坏均田制的主要原因，这是当时北魏统治者所始料不及的。

至于农民，实际上则是被牢牢地束缚在土地上，成了国家的佃农。但这些制度的推行有利于招来流民，开垦荒地；农民有了一定数量的可耕土地，租调相对固定和减轻，生产条件有所改善，有利于生产力的发展；许多少数民族成为均田户，对巩固他们定居农业生活和进一步封建化也有积极作用。

公元490年，冯太后死，孝文帝亲政。他继续进行改革，在亲政期间主要做了两件大事。

第一件是把都城从平城迁到洛阳。

北魏自天兴元年(398年)定都平城以后，经过近百年的时间，形势已经发生了很大的变化，平城作为都城已不适合。经济上，平城土地寒瘠，交通运输不便，在人口日益增加的情况下，粮食供给常常发生困难。军事上，平城地处边境，北受柔然的威胁，经略南方又显得偏远。政治上，由于各族人民不断地反抗，北魏统治者迫切需要同汉族地主进一步合作。因此，他们需要进一步地消除已经缩小了的民族界限，实行汉化政策，但在鲜卑贵族集中的旧都平城，保守势力比较顽固而且强大，推行汉化政策阻力很大。正是这些原因使孝文帝决心把都城迁到洛阳。公元493年，孝文帝以南伐名义率二十万大军南下。到洛阳后，天下霖雨，他假装欲继续南下，群臣跪在马前劝阻。这时，他利用群臣不愿南伐的心理，宣布迁都洛阳。

第二件是改官制、禁胡服、断北语、改姓氏、定族姓。

改官制。魏在建国初期，鲜、汉官号杂用。迁都后，孝文帝任用王肃改定官制，全部依据魏晋南朝制度。

禁胡服。鲜卑的旧俗是披发而且露着左边的肩膀，故当时世人称他们为“索头”或“索虏”。迁都的同一年，孝文帝下令禁穿胡服，服装统一依汉制。

断北语。孝文帝下令，规定汉语为“正音”，鲜卑语为“北语”，下令“断北语，一从正音”，朝廷上有说北语者免官。在具体实行上，因为三十岁以上的不能一下改变，尚不强求；三十岁以下的，在朝廷上必须用汉语讲话。

改姓氏。鲜卑人用的多是二三字的复姓，如拓跋、独孤、步六孤等，姓氏与汉人不同，标志着民族的差异，影响胡、汉贵族合作。因此，在迁都的第二年，孝文帝下令把鲜卑族的复姓改为音近的单音汉姓，如拓跋氏改为元氏，独孤氏改为刘氏，步六孤氏改为陆氏，丘穆陵氏改为穆氏等，其他所改的更是不计其数。同时规定随迁洛阳的鲜卑人一律以河南洛阳为原籍，死后也不得还葬代北。

定族姓。孝文帝随即仿照汉族门阀制度规定鲜卑族姓。拓跋氏改为元氏，因是皇室，门望最高。其余功勋卓著的八家，穆、陆、贺(贺赖氏)、刘、楼(贺楼氏)、于（勿忸于氏）、嵇(纥奚氏)、尉(尉迟氏)为鲜卑族姓之首，与汉族五姓即清河崔氏、范阳卢氏、荥阳郑氏、太原王氏、赵郡李氏相当。此外，关中诸姓以韦、裴、柳、薛、杨、杜、皇甫等族为首。门阀诸姓又以父祖做官等级之大小、多少，分为甲、乙、丙、丁四等。即使同为甲族，也有上下、高低的分别。凡是士族大姓，世代为高官，不担任下等的官职。这样，“以贵承贵，以贱袭贱”的门阀制度确立了，胡、汉贵族进一步合流，民族矛盾下降，阶级矛盾上升。

东罗马银盘

禁止鲜卑同姓相婚，提倡胡汉通婚。孝文帝本人率先纳范阳卢氏等汉族四大姓崔、卢、郑、王及陇西李冲之女为嫔妃，又下令诸弟将鲜卑正妃降为侧室，分别娶中原汉族士族之女为妻。

改官制，定刑律。凡机构设置、职官名号等全改为汉制，并修订刑法，完善法律，废除了许多野蛮残酷落后的刑罚。

尊崇孔子，提倡儒学。在京城立孔子庙，孝文帝还亲自到曲阜祭孔，封孔氏宗子为崇圣侯；又下令兴立学校，传授儒学，兴复汉族传统礼乐制度。

孝文帝的改革遭到了一部分保守拓跋贵族的反对，他们不仅在改制前进行抵制，在改制中和改制后也不断反抗。太和二十年(496 年)，太子拓跋恂企图逃回平城发动叛乱，被孝文帝处死。同年冬，鲜卑贵族穆泰等勾结镇北大将军元思誉、代郡太守元珍等在平城发动叛乱。孝文帝派元澄前往镇压，杀了许多人，才平定了叛乱，保证了改革的顺利进行。

魏孝文帝改革是西、北各族陆续进入中原后民族斗争、融合的一次总结，它以法律的形式肯定了各族融合的成果，反过来又促进了以鲜卑族为中心的北方各族的封建化和以汉族为主体的民族大融合的发展。孝文帝顺应了历史发展的趋势，放弃了自己民族的旧俗，冲破了重重困难和阻碍，毅然地进行改革，对我国历史的发展作出了重要的贡献。但是，孝文帝在汉化改革中却将已经腐朽了的门阀制度引入北朝，并加以强化，反而促使了以后北魏统治者的腐败和阶级矛盾的尖锐化。这是他无法预料的！

3. 文明冯太后

在魏孝文帝的改革中，有一位起关键作用的女性，她就是文明太后冯氏。此次改革前期主要是在她的主持下进行的，在北魏历史上具有承前启后的作用。

冯氏为长乐信都（今河北冀县）人，祖父冯弘是北燕末代国王。在北魏兵临和龙时，冯弘弃城逃向高丽，其子冯朗、冯邈降魏。后来，冯朗官至北魏秦、雍二州刺史，封西郡公。冯氏是冯朗之女，出生于长安。当冯氏还是一个小姑娘的时候，父亲冯朗被杀，顿时家破人亡。冯氏受到株连，被没入平城皇宫。幸好她的姑母是太武帝拓跋焘的左昭仪，她入宫后得到姑母的照顾。冯氏聪明好学，在姑母的抚养教育下，不仅粗通文字，而且极有见识。兴安元年（452 年），文成帝拓跋濬继位，冯氏被选为贵人，当时她只有十四岁。四年后，她被立为皇后。

北魏前期，黄河流域经历了长期的战争，人口锐减，土地荒芜，民不聊生。许多农民不得不投靠大族豪强，沦为荫附户。由于荫附户不承担国家的赋税徭役，其负担必然要转嫁到其他劳动人民的身上；大族豪强对荫附户更是实行残酷的剥削和压榨，荫附户也痛苦不堪，阶级矛盾不断激化。文成帝继位后，面临如此的社会现实，曾经采取了一些补救的措施。他派出二十多批官员巡视州郡，检查地方耕田、赋役、吏治和刑法；他五次下诏惩治贪官污吏，并一度减轻赋税，免收相当于常赋一半的杂调。这些措施虽然有一定的作用，但是收效甚微。就在文成帝还没来得及采取进一步措施的时候，在二十六岁时便死去了。冯氏痛不欲生，在举行焚烧文成帝生前衣物的仪式上，她哭喊着纵身跳入火堆，左右侍从慌忙把她拉了出来。她昏迷良久，方才苏醒过来。

和平六年（465年），文成帝长子拓跋弘继位，是为献文帝。献文帝尊冯氏为皇太后。献文帝刚满十二岁，朝政大权操纵在车骑大将军乙浑的手中。乙浑心怀不轨，经常矫诏诛杀异己。四十多天内，他由车骑大将军升太尉、录尚书事，后又升为丞相，位居诸王之上。冯氏是个精明的妇人，果敢干练。十多年的宫廷政治生活，使她更加敏锐机智。她没有沉浸在悲哀中，而是不动声色地注视着周围的事变。当她觉察到乙浑的阴谋时，便密定大计，突然以谋反罪杀掉了乙浑，然后宣布亲自临朝听政，控制了北魏朝政大权。

皇兴三年（469年）八月，拓跋宏被立为太子，其亲母依旧俗被杀。冯氏亲自抚育还在襁褓中的太子，宣称从此不理政事，还政于献文帝。但太后还是经常干预和掣肘，献文帝不能自主，又不愿当傀儡，渐渐心灰意懒，不想过问政事。后来，献文帝干脆准备禅位给他的叔父、京兆王拓跋子推，只是迫于冯氏的压力和群臣的反对，才传位给太子。孝文帝拓跋宏即位的时候，还不满九岁，献文帝则为太上皇帝，冯氏为太皇太后。献文帝虽然禅位了，但是太上皇与太皇太后之间的矛盾并没有结束，而且还在逐步加深。不久，矛盾激化，冯太后毒杀献文帝，在这次统治阶级内部的夺权斗争中，冯氏获得了完全的胜利。

献文帝死后，冯氏称太皇太后，再次临朝听政。从此，她大权独揽，事必躬亲，直到太和十四年（490年）九月病死为止。

（一）锐意改革

当时，北魏的政治局面很不景气，阶级矛盾愈演愈烈。由于没有俸禄，官吏贪赃枉法，对百姓剥削很是严重。大族豪强更是肆无忌惮地兼并土地，奴役农民。水旱蝗灾也连年不断，从而激起了此起彼伏的农民起义。北魏的统治已经到了非改弦更张不可的时候了，担当起这个历史重任的正是冯太后。她接受过汉族传统文化的教育，而且历年的政治斗争也使她变得更加成熟。于是，在她的主持下，北魏进行了一系列具有重大意义的改革。

首先是实行均田制。针对牛疫流行，耕牛死伤过半，农业生产受到严重损害的情况，太和元年（477年），冯太后采取临时措施，下令各地抓紧耕垦。但是，耕垦要有可供耕垦的土地，农民却没有地种。主客给事中李安世是个有识之士，他首创均田之议。冯太后接受了他的建议，认为切实可行。虽然有不少代表大族豪强利益的官僚权贵不赞成，认为均田"无益"，但都没有动摇冯太后的决心。太和九年（485年）十月，冯太后颁布均田诏令，规定：授予十五岁以上的男子露田四十亩，妇人二十亩；又授予男子桑田二十亩，或麻田十亩。受田者身死或年过六十，露田归还国家，桑田或麻田不还。许多贫苦农民获得了土地，背井离乡的人们也重新返回家园，大片荒芜的土地被开垦出来，残破不堪的农村渐渐有了生气。

均田令虽然对大族豪强兼并土地有一定的限制，但基本上没有触动他们的既得利益。因为均田令规定奴婢同平民一样可以受田，耕牛也可以受田，四头以内，每头受田三十亩。这就保证他们可以占有比平民百姓多很多的土地。政府并没有夺取他们的土地分给百姓，用于分配的土地是国有土地和荒地。因此，大族豪强虽然不赞成均田，但也没有酿成大的政治风波。

其次是实行三长制和新租调制。在实行均田制的过程中，荫附户的问题非常突出。北魏以往实行的是宗主督护制，大批农民被控制在大族豪强的手里。均田制如果实行不下去，国家通过均田增加财政收入的目的也会落空。于是，在均田制实行的第二年，即太和十年（486年）初，内秘书令李冲上疏，首倡实行三长制和与三长制并行的新租调制。新令规定：五家设一个邻长，五邻设一个里长，五里设一个党长，选取乡里中能干谨慎的人担任。邻长免一人征戍，里长免二人，党长免三人。三年没有过失就升一等。百姓租调：一夫一妇缴纳帛一匹，粟二石。十五岁以上尚未婚娶的男女，四人缴纳一夫一妇的租调，从事耕织生产的奴婢，八口相当未婚娶者四人的租调，耕牛二十头相当于奴婢八口。生产麻布的地区，以布代帛。

（二）实行俸禄制，打击贪官污吏

北魏早期的统治者以掠夺战争为美事，官吏参与掳掠、赏赐，而没有俸禄。这种落后的制度一直沿袭下来，致使贪官成群，贪污成风，吏治败坏。虽然后来的统治者再三整顿吏治，但收效甚微。太和九年（485年），

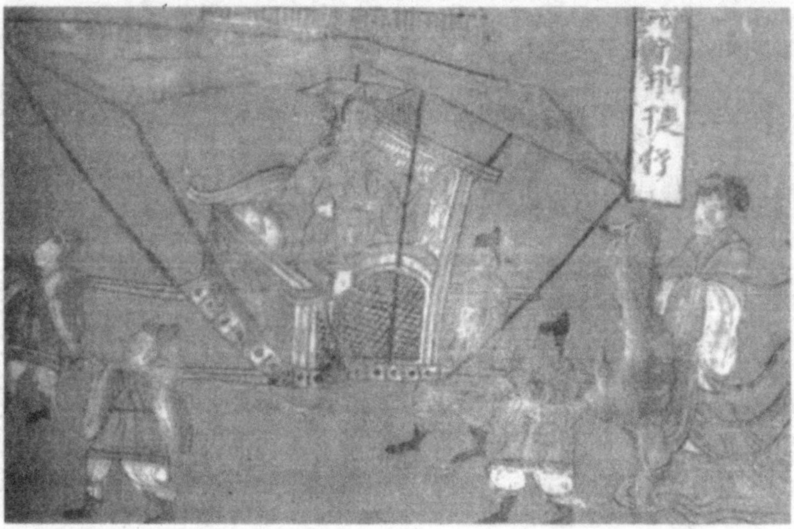

彩绘人物故事(图漆屏风)

击鼓陶女俑（南北朝）

冯太后制定俸禄制度，并规定实行俸禄制度以后，贪赃满一匹者处以死罪。太和十三年（489年），雍州刺史、南安王拓跋桢和怀朔镇大将、汝阴王拓跋天赐因贪污受贿受到弹劾，许多王公大臣都替他们求情。冯太后气愤地说："他们不遵奉法度，贪赃聚敛，按照他们所犯的罪，应当处死。你们大家以为应该保护亲人而废弃法令，还是应该大义灭亲维护法令呢？"后来二王虽没有被处死，但也受到削除官爵、禁锢终身的处罚。直到冯太后死后，孝文帝才重新起用拓跋桢。

此外，冯太后主持制定了一些汉化政策。她重视儒学教育，最早在地方上设立乡学，每郡置博士二人，助教二人，学生六十人。大郡增置助教二人，学生增加到一百人；小郡学生也增加到八十人。她尊崇孔子，下诏祭祀孔庙，封孔子二十八世孙孔乘为崇圣大夫。她废止鲜卑族的原始巫术，又严令禁止鲜卑同姓通婚的落后习俗。这些，可以说是孝文帝后来推行汉化政策的先声。

（三）治事苛严，厉行节俭

冯太后对孝文帝管教得很严厉，她要求孝文帝身旁的内侍十天内要汇报一次孝文帝的表现，不汇报则加以责罚。有的内侍搬弄是非，因此孝文帝经常挨打，有时被杖责几十下。孝文帝虽然受了委屈，却默不作声。冯太后还曾经有意废孝文而另立咸阳王禧，终因拓跋丕、穆泰、李冲等人固谏才作罢。自从太后临朝专政以来，孝文帝不管事无大小，全都禀报给太后，即使在他一天天地长大，也是如此。孝文帝不参决干预大政，而冯太后常常独断，事情办了也不通知孝文帝一声。这固然与冯太后对孝文帝严苛管教有关，但更重要的，恐怕是孝文帝对祖母的心悦诚服、衷心钦佩吧，因为孝文帝后来就是完全忠实地继承了冯太后制定的政策，继承了她改革的意志。

冯太后是以女主临朝，为了巩固自己的统治地位，她对可能动摇其地位的人都实行严厉的制裁，直至诛杀。因此，她是严苛的。她还利用宦官和受宠者来加强自己的集权统治，给他们很大的权力和很丰厚的赏赐，但即使对这些人，她也没有太大的纵容，所以他们中大多数比较规矩，并无大的过失。冯太后用人颇具政治眼光，她虽然宠幸李冲，但更器重的是李冲的见识和才干，当时的许多政治措施、制度兴革，李冲都参与了计划和制定。她给游明根、高闾特殊礼遇，是因为这两人才能卓越，博综经史。

在封建统治者当中，冯太后还是比较朴素的。根据史书记载，她不喜欢金银饰物，穿的衣服、用的被褥都是一些素色的绵帛而已。她吃饭的小桌子只有一尺宽，饭菜数量比过去少了十分之八。她生前就预先对自己的丧葬作了安排，一切从简，坟墓不过三十步，内室一丈见方，棺椁很普通，不许用随葬器物，甚至一般的素帐、陶瓷也不要。虽然后来的坟墓、内室都扩大了一倍，但这是孝文帝擅改的。

冯太后是北魏历史上起着承前启后作用的杰出政治家，她所采取的一系列改革措施成为北魏封建化改革道路上的里程碑，对我国封建社会历史产生了深远的影响。

四、在社会矛盾激化中衰落的北魏王朝

魏孝文帝改革后，北魏发展了几十年，由于改革的巨大成功，使鲜卑贵族和汉地主进一步合流，大量奢侈的生活方式被引入鲜卑贵族中。鲜卑人经过一百多年后，习惯了中原的富饶和繁华，他们的后代也已经丧失了祖辈艰苦勤俭、顽强奋斗的作风。这时北魏已经发展到了后期，统治阶级奢靡腐烂，吏治败坏，政治黑暗，北魏已不可避免地走向了衰亡。

1．“只恨石崇不见我”

北魏孝文帝时期，由于改革成功，社会经济有了很大的发展。到北魏后期，贵族奢侈成风，官吏贪污腐败，以至于吏部公开标价卖官，因此社会矛盾越来越尖锐。

胡太后当政时期，由于多年社会安定、经济发展，周围各国贡献不断，南北贸易也很发达，因此国库中的财物堆积如山。有一天，胡太后突发奇想，对上百名王公贵族及嫔妃们说：“今天你们跟我到库房去，尽力拿绢，能拿多少都归你们所有。”说完，大家来到库房。库房中果然堆满了布绢，由于当时绢可当货币使用，于是大家都尽量多背一些。其中有个尚书令叫李崇的，已六十多岁了，也不停往肩上加绢，结果没走几步，就跌倒在地，把腰也扭伤了。章武王元融背得更多，最后扭了脚走不动路。侍中崔光只拿了两匹，胡太后问：“你为什么拿这么少?”崔光说：“臣只有两只手，所以只取两匹。”许多抢着多背的人听到后都惭愧地低下头去。

当时宗室贵族和大臣们不仅生活豪华奢侈，而且还相互攀比。高阳王元雍是洛阳城中数一数二的富豪，他的花园和皇宫的花园相比都相差不多，家中有仆人六千，歌女五百，外出时的仪仗卫队就几乎堵塞道路，回家后歌舞饮宴往往通宵达旦，吃一顿饭就要花数万钱，而且都是山珍海味。尚书令李崇虽也腰缠万贯，但比较吝啬，他对别人说：“高阳王一顿饭可抵我千日饭钱。”

河间王元琛也是巨富，他想与元雍比富，就用白银做马槽，黄金做马锁环，窗户上装饰着玉凤衔铃，金龙吐旆。当宴请诸王时，酒器全用的是中原从未见过的水晶、玛瑙、赤玉制作。他把女乐队、名马、奇珍宝物全都拿出来让人观赏，又带领大家去观赏自己的库房，库中的金钱、绢布简直不计其数。一次，他对章武王元融说：“不恨我不见石崇，只恨石崇不见我。”意思是他比西晋的大富豪石崇还要富。元融一向也以富自负，但见到元琛的财产后便叹息不已。京兆王元继对他说：“你的财富也不少，为何还要自叹不如?”元融说：“我开始以为只有高阳王比我富，想不到还有河间王!”元继笑说：“你这是袁术在淮南，不知世上还有刘备呀!”

贵族官僚们的大量财富都是靠残酷剥削劳动人民得来的。北魏后期，均田制逐渐遭到破坏，地主大肆兼并土地，奴役成千上万的佃客、部曲和奴婢。此外，贵族们还经营制盐、炼铁及各种工商业，甚至放高利贷。几乎所有豪门贵族家中的库房、箱柜里都塞满了钱和绢。

北魏后期，吏治腐败，吏部公开卖官，以此作为搜刮钱财的手段。官位拍卖的价格是：大郡两千匹，次一等的郡一千匹，下郡则是五百匹。吏部被世人称为“市曹”，即卖官的市场。许多地方官刚一上任，首先打听当地有什么生意可做。元诞任齐州刺史后，有一天问采药归来的和尚：“外面有什么消息吗?”和尚回答道：“只听到大家说王爷很贪。”元诞说：“齐州几万户，我上任后，每户只得不到三十钱，怎么能说我贪?”

他似乎还觉得有些冤枉。然而百姓的眼睛是雪亮的，他们对那些受到皇帝宠爱而又特别贪钱的官吏，像侍中元晖、卢昶等，不称呼他们的姓名，而是在他们的官衔前面加上了惟妙惟肖的比喻，把他们称为“饿虎将军”、“饥鹰侍中”等等。

统治者的腐败，再加上连年自然灾害，使得人民无法生活下去，因此各处均爆发了农民起义。

2.六镇起义

随着生产的发展和鲜卑贵族汉化的加深，魏明帝末年，政治腐化，权贵奢侈，官吏暴敛，赋役、兵役十分繁重，百姓纷纷逃亡或依附豪强。而长期戍守北边的沃野等六镇的将卒（多为拓跋部贵族及其成员或中原强宗子弟）因待遇骤降而不满，于是在正光四年（523 年）爆发六镇起义，关陇、河北各族纷纷起兵响应，北魏统治濒临崩溃。

北魏迁都洛阳之前，首都在平城(今山西大同东北)。当时塞北柔然强大，塞内又分布着高车(即敕勒)和山胡。从皇始至延和年间(396—434年)，北魏先后自东而西设有怀荒(今河北张北)、柔玄(今内蒙古兴和西北)、抚冥(今内蒙古四子王旗东南)、武川(今内蒙古武川西)、怀朔(今内蒙古固阳西南)、沃野(今内蒙古五原东北)等军镇，史称北镇或六镇，对外抵御柔然，对内制衡高车、山胡，拱卫京都。

北镇不设州郡，以镇、戍领民，号为镇民，主要是鲜卑拓跋部民，地位较高。随着北魏疆域的扩大，强制汉族及其他民族的大族豪强、部落酋帅迁徙到边境。文成帝以后，又不断发配囚犯戍边，从此镇民的地位日益下降。孝文帝迁都洛阳后，政治、经济中心南移，北镇失去军事上的重要地位。加上进入中原的包括拓跋氏在内的各族贵族加速汉化及封建化，而北镇仍然保持着鲜卑化倾向，镇民被称为“府户”，属于军府，世袭为兵，不准迁移。

到北魏后期，北镇镇民中贫富差别加剧。军镇的统治者是主将、参僚和豪强，他们因不能充当清官而对北魏政府产生不满。被统治的广大镇民不仅遭受着主将、参僚和豪强的欺凌奴役，土地被剥夺，承担着繁重的力役，还被洛阳政府视为“北人”而受到歧视。北镇镇民中有不少人来自高车、山胡等族，他们和居住塞内的本族人保持联系。山胡久居汾西和陕北，北魏时列入编户的山胡承担着租调徭役，不属州郡的山胡仍由酋帅管辖，北魏政府常在他们中强征兵丁，有时强行迁徙。高车分为东西两部，一直保留部落组织，居住在六镇边塞一带，对北魏政府承担兵役和贡纳义务。北魏政府委任山胡、高车酋长为领民酋长或其他官职，统治着未编户的本族人民。在改镇为州的地方，酋豪成为地方大姓，受公府、州郡辟举，所以他们和洛阳政府既存在矛盾，又具有利益上的一致。

公元523年，怀荒镇民不满镇将于景不发仓粮，杀于景而反。不久，沃野镇民破六韩拔陵聚众杀了镇将，攻占沃野镇，改元真王。于是率领义军南下，又派遣别帅卫可孤围困武川，进攻怀朔。怀朔镇将杨钧任命武川豪强贺拔度拔及诸子允、胜、岳为统军、军主，率军顽强抵抗。第二年的三月，北魏派遣元彧镇压拔陵的起义。卫可孤攻克武川、怀朔，俘获度拔父子。五月，拔陵大破元彧于五原。北魏随即以李崇代替元彧为北讨大都督，崔暹、元渊为副将。七月，拔陵又大败崔暹于白道，李崇退守云中。八月，东西两部高车部落叛魏依附于拔陵，义军势力顿时大盛。孝明帝下诏改镇为州，以求安抚。秀容人乞伏莫于杀掉郡守，南秀容牧子万在乞真杀了太仆卿，全部反叛。最后被秀容契胡的首领尔朱荣镇压。十月，李崇被免官，元渊被任命为总领前线军事。贺拔度拔父子和武川的宇文肱等纠集乡里豪强，暗中杀害了卫可孤。孝昌元年(525年)初，柔然首领阿那率领十万余众，从武川西进驻沃野镇，帮助魏镇压拔陵。六月，拔陵把元渊围困在五原，元渊向北逃到朔州(原怀朔镇)，云州刺史费穆放弃云中，投奔尔朱荣。元渊派遣于谨说降了已经起义的西部高车酋长乜列河，使其重新归附；阿那大败拔陵于五原，大将破六韩孔雀阵亡。拔陵只好被迫南下，在阿那和元渊的夹击下，二十万义军被元渊截降，拔陵主力尽失。因粮食严重不足，北魏政府分别迁徙降户到冀(今河北冀州市)、定(今河北定州市)、瀛(今河北河间)三州落户，几个月后，起义于河北地区再次爆发。

同年八月，柔玄镇兵杜洛周聚集北镇流民在上谷(今北京延庆)重新起义，年号仍用真王。他率师西上，围燕州(今河北涿鹿)。十二月，杜洛周到达黄瓜堆，击败了已经降魏的高车酋长斛律金。孝昌二年，杜洛周攻破扼守军都、居庸两关的魏军，南下幽州。不久，杜洛周占据燕、幽两州。

杜洛周在上谷起义的第二年，原怀朔镇兵鲜于修礼等也率北镇流民反于定州的左人城(今河北唐县西)，改元鲁兴，率师奔赴中山(今河北定州市)。魏任命杨津为定州刺史、行台，固守中山，又派遣长孙稚和河间王元琛率大军前来救援。四月，修礼大败长孙稚等。五月，魏又任命元渊为大都督，督元融、裴衍来援。八月，内奸元宏业杀害修礼，但被修礼的部将葛荣诛杀，然后代替修礼领导义军继续坚持斗争。九月，葛荣到达瀛州，击败了北魏左军都督元融，又俘杀了元渊，义军声威大震，葛荣于是登基称帝，建国号齐，改元广安。

在鲜于修礼起兵左人城后，恒州、朔州的流民也纷纷起兵响应。二月，西部高车斛律洛阳起兵逼宫于桑干西，与费也头牧子相连；四月，朔州城民鲜于阿胡占据朔州也反。斛律洛阳和费也头牧子被尔朱荣镇压后，阿胡率流民南下，七月，攻克平城。尔朱荣奔袭魏肆州，杀刺史，得贺拔胜。葛荣乘魏军失利之机，积极网罗北镇酋帅、豪强，以岳、胜为别将，兵力日益强盛。

孝昌三年正月，葛荣大败赵郡豪强李元忠，攻克殷州(今河北隆尧东)，进而围困冀州。七月，相州刺史元鉴占据邺城叛魏投降葛荣。八月，魏遣源子邕、裴衍等进攻邺城，斩杀元鉴；又遣子邕、裴衍来进逼葛荣。十一月，葛荣攻克信都，俘虏冀州刺史魏宗室元老元孚以及当州豪强潘绍等五百多人。十二月，大败源子邕、裴衍等，进而兵围邺城。武泰元年(528 年) 正月，定州长史李裔献中山城投降，俘刺史杨津；瀛州刺史元宁也献城投降。葛荣攻克冀、定、瀛三州，河间大族邢杲和割据勃海的豪强高干，各率乡里部曲十余万户南逃。二月，葛荣杀杜洛周，兼并了他的部属。三月，攻克沧州。至此，葛荣拥有燕、幽、冀、定、瀛、殷、沧七州之地，在南围困邺城，向西进逼并、肆两州，兵力非常强大。

陶马俑(北朝)

就在葛荣义军发展的同时，尔朱荣的势力也急剧扩大，高欢、段荣、尉景等怀朔豪强先背叛杜洛周，后又背叛葛荣，投奔了尔朱荣。尔朱荣很器重高欢，常常让他参与军事谋划。并州刺史元天穆与尔朱荣相互勾结，劝他袭取洛阳。武泰元年三月，尔朱荣以胡太后毒杀孝明帝为借口，从晋阳出兵攻取洛阳，到达河阴。四月，立元子攸为帝，在黄河旁沉杀太后和朝臣二千余人。从此，以契胡酋长尔朱荣为首的北镇豪强、酋帅集团控制了北魏政权。

葛荣包围邺，军队号称百万。尔朱荣率精骑出滏口(今河北磁县西北)，与义军展开会战。尔朱荣派侯景为前驱，高欢阵前诱降。由于葛荣轻敌，尔朱荣以奇兵内外合击，使他兵败被俘，余众四处逃散。不久，葛荣在洛阳被杀，六镇起义至此失败。

3.河阴之变

北魏末年爆发的各族人民的大起义，席卷了今天的河北、山东、内蒙古、宁夏和甘肃等广大地区，沉重地打击了北魏王朝的统治，加速了统治阶级内部矛盾的激化。当时，胡太后再次控制了中央政权，重用幸臣，朝政混乱不已。

胡太后为安定临泾（今甘肃镇原）人，乃司徒胡国珍之女，世宗初年被召入宫廷，生肃宗后进为充华嫔。等到孝明帝元诩登位，被尊为皇太妃，后又尊为皇太后。当时孝明帝年幼，胡太后掌握朝中大权。胡太后得志后与清河王元怿肆情淫乱，为天下人所不齿。大臣元乂、刘腾乘机发动政变，杀死元怿，将胡太后幽禁于北宫。不久，刘腾去世，胡太后设计解除元乂兵权，再次临朝。这时孝明帝渐年长，因不满胡太后专政，母子之间嫌隙日深。

当时，契胡族的酋长尔朱荣驻守晋阳（今山西太原市西南晋源镇），兵势强盛，想乘朝廷混乱之机，举兵入京，内清君侧，外镇压人民起义。北魏武泰元年（528年）三月，尔朱荣上书朝廷要求出兵山东（今河北地区），胡太后不允，并离间尔朱荣左右亲信。对此，尔朱荣非常不满。之后，胡太后与孝明帝元诩矛盾加剧。不久，胡太后毒死孝明帝，立三岁的元钊为傀儡皇帝。尔朱荣听闻后，当即上书指责。因为尔朱荣势力强大，胡太后也有所畏惧，览表之后，特派在朝的尔朱荣的堂弟尔朱世隆去晋阳慰谕尔朱荣。尔朱世隆到晋阳后，尔朱荣要将他留下，尔朱世隆却说："现在朝廷怀疑兄长有反叛之意，所以才故意派遣我来，现在留下我，会使朝廷有预防之心，可不是个好计策。"尔朱荣认为所言有理，随即让尔朱世隆返回朝廷。

不久，尔朱荣从晋阳起兵南下，尔朱世隆听到后，从京城逃出，北上与尔朱荣相会于上党（今山西长治市）。胡太后听说尔朱荣起兵，便将王公大臣全部召入宫中，商议对策。由于宗室大臣平时都不满胡太后所为，不愿献计，只有胡太后的亲信徐纥想了个主意。胡太后听后也表示赞同，立即以大臣李神轨为大都督，率军抵御尔朱荣，又命别将郑季明、郑先护领兵守河桥（在今河南孟州市西南、孟津县东北黄河上），武卫将军费穆领兵屯驻小平津（在今河南孟津东北黄河上）。就在胡太后遣兵北上的时候，尔朱荣已南下到达河内（今河南黄河以北地区），并秘密派人到京城迎接长乐王元子攸。四月，元子攸与其兄彭城王元劭、其弟霸城公元子正偷偷赶赴河阳（今河南孟州市西南黄河北岸）。不久，尔朱荣从河阳渡过黄河，接着拥立元子攸即皇帝位，是为孝庄帝。孝庄帝以元劭为无上王，元子正为始平王，又以尔朱荣为侍中、都督中外诸军事大将军、尚书令、领军将军、领左右，封太原王。

守河桥的郑先护平时与元子攸友善，听到他即皇帝位后，即与郑季明开城迎接尔朱荣军。李神轨赶赴河桥，闻河阳失守，马上逃回。尔朱荣兵不血刃地直抵京城，胡太后的亲信慌忙投降，胡太后黔驴技穷，没有办法，只好尽召孝明帝的后宫，让她们全部出家，自己也落发为尼。接着，尔朱荣入城召集百官迎接孝庄帝车驾。百官受命，奉玺绶，备法驾，到河桥迎接孝庄帝。尔朱荣又派骑兵押送胡太后及幼主元钊到达河阴（今河南洛阳市西北）。在河阴，胡太后对尔朱荣百般哀求，尔朱荣拂衣而起，下令将胡太后及元钊沉于黄河之中。之后，朝廷的降臣又秘密地劝尔朱荣大开杀戮以树立自己的权威，这正中尔朱荣的下怀，于是立即和亲信慕容绍宗商议。而慕容绍宗却认为："太后荒淫无道，纵容幸臣弄权，使朝政混乱，所以

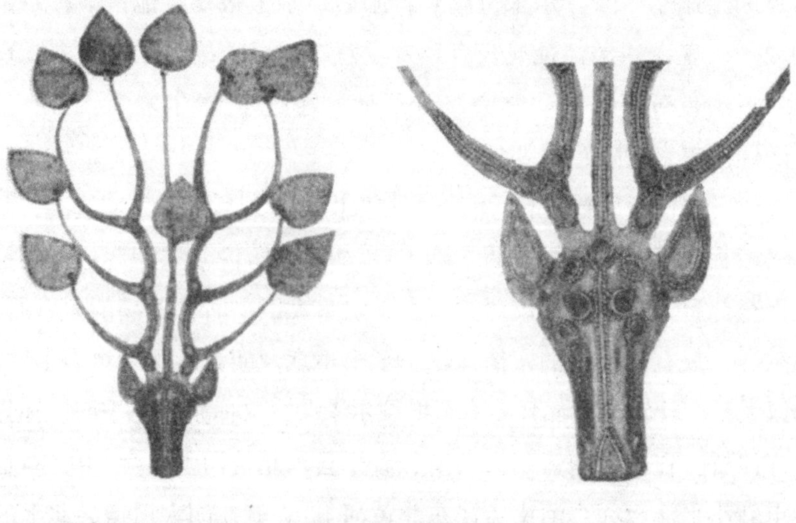

牛头鹿角金饰件

您才兴义兵以对抗朝廷。现在却要不分忠奸就大开杀戒，恐怕要让天下人失望，是个很不好的计策。”现在的尔朱荣根本听不进这些话，仍然独断专行，请孝庄帝率百官沿河西行至孟津（今河南孟州市西南、孟津县东北），然后又说要祭天，把百官引到行宫西北。当百官在此地集合好后，尔朱荣命骑兵将百官团团围住，责骂百官说：现在天下大乱，先皇孝明帝暴崩，都是由于朝臣贪虐，不能很好地辅佐皇帝所致。并以此罪名纵兵将百官杀死，一时，上至丞相元雍、司空元钦、义阳王元略，下到一般朝臣，死者达两千多人，史称“河阴之变”。

此后，尔朱荣彻底掌握了北魏的朝政大权，本想乘机自己登基称帝，但深恐自己力量不足，遭到地方实力派的反对。他在控制住孝庄帝后，觉得还是自己的晋阳最安全，于是便带兵返回晋阳。尔朱荣返回晋阳后，农民起义正在迅猛地发展，其中葛荣所率领的义军势力最为强大，有数十万人。当年六月，尔朱荣率大军大败葛荣领导的农民起义军，并临阵俘葛荣，送到洛阳处死。接着，尔朱荣又击败已经降梁的北魏大臣元颢，平定葛荣的残余势力，派人平定了关中丑奴、萧宝银等的叛乱。至此，北魏末年的战乱得以平定，尔朱荣的势力也因此而大涨，和北魏朝廷的矛盾更加突出。

魏孝庄帝表面上封尔朱荣为天柱大将军，先后赐封邑达二十万户，暗地里却在考虑对付尔朱荣的办法。就尔朱荣而言，自己虽身居在外，但一直在遥控朝廷。他在孝庄帝的周围安插了许多亲信，大事小事很快就会知道。尤其是不断派使者入京干扰孝庄帝的用人大权，更引起孝庄帝的不满。

公元530年（北魏长广王建明元年）8月，尔朱荣准备入朝。消息传到朝廷，孝庄帝顿感畏惧和厌恶，百官则认为又要发生变乱。尔朱荣的堂弟尔朱世隆和妻北乡郡长公主怕尔朱荣遭遇不测，劝他不要来。但尔朱荣不听劝告，决意入京。尔朱荣入京后，孝庄帝本想除掉他，但由于尔朱荣的亲信元天穆留在晋阳，手握重兵，孝庄帝怕为自己留后患，所以对尔朱荣一直隐忍未发。不过，孝庄帝的心思已被很多人知道。有的人就告知尔朱荣，让尔朱荣早作防备。尔朱荣得知消息后，即问孝庄帝，孝庄帝回答说："外面的人也告诉我，王爷准备加害于我，但我岂能相信他们的话?"于是尔朱荣也不再疑虑，每次朝见孝庄帝，随从只有数十人带着兵器。不久，元天穆也从晋阳赶赴洛阳。孝庄帝立即命令在明光殿东廊埋伏兵马，然后请尔朱荣及其长子菩提、亲信元天穆等入殿。等到尔朱荣等人都坐好，伏兵马上杀出，尔朱荣惊慌，起身向孝庄帝的御座跑去。孝庄帝预先已藏了把刀在膝下，随手操刀把尔朱荣杀死，菩提、元天穆也死于伏兵的刀剑之下。消息传出，朝廷内外一片欢腾，大臣们非常高兴。

灰陶加彩乐人(北魏)

尔朱荣死后，他的侄子尔朱兆由并州出兵攻入洛阳，杀死孝庄帝及其左右大臣，立元恭为节闵帝，尔朱兆掌握了朝中大权。从此，各个地方势力纷纷割据，北魏也走向了它的末日。

点评

北魏在我国历史上是一个极其重要的少数民族朝代，它对历史的发展影响深远。我们可以看到，整个朝代少数民族和汉族都在极其艰难地融合着，这是这个朝代最大的特色也是最大的成就，可以说没有北魏，没有这个过程，就没有后来的唐宋灿烂辉煌的文化，也就没有我们汉民族的今天。那个时代承受了太多的战乱，太多的痛苦，融合的过程更是如此。但任何人也无法阻挡历史前进的车轮，灿烂先进的汉族文明最终"征服"了那些被称作野蛮的民族，把他们一步步地同化，包容为一体，再也无法分开。从这段历史我们可以看到，当战争结束的时候，漫长而曲折的文明之间的“战争”才刚刚开始。

相关链接

北魏道武帝拓跋珪小传

拓跋珪 (371–409年)，字涉珪，鲜卑族拓跋部人，出生于参合陂北(今内蒙古凉城县岱海一带)，为北魏开国皇帝。

拓跋珪少年老成，智识不凡，青年时在贺兰部励精图治，深得众心，使得远近趋附。太元十一年 (386年) 正月，在贺纳的支持和诸部大人的推举下，拓跋珪在牛川召开部落大会，即位为代王，年号登国。同年四月，拓跋珪改代为魏。新兴的北魏对外先后征服了后燕与匈奴弗部，遏制了柔然等族的袭扰，稳固了北魏的边疆，成为北方草原上新兴的强大力量。拓跋珪自立魏国后，采取了许多促使奴隶制向封建制过渡的措施，并实行“汉化强国”政策。首先，他迁都平城 (今山西省大同市)，仿中原封建制度营建宫室，制定各类典章制度、礼仪等。他重视文化事业的发展，把文化水平作为选拔官吏的重要条件之一；经济方面，在继续注重发展畜牧业的同时，“务农息民”、“劝课农桑”、“计口授田”，在黄河以北、五原、云中、代郡等地 (今内蒙古中西部和山西省部分地区) 大兴农业，开立屯田，而且亲自参加农业劳动，稳固了北魏的经济基础，促使畜牧经济向农牧经济转变。其次，对拓跋鲜卑建立在血缘基础上的部族制度进行改革，为了加强中央集权，采取“离散诸部，分土定居”，使各个民族都成为北魏的编民的政策，实行计口授田，发展生产，将俘获的大量人口作为“新民”内迁。随着这超级汉化措施的施行，北魏的农业经济迅速发展。同时拓跋珪还大量吸收汉族士大夫，参加中央及地方行政管理。一系列政策和措施的实行，使拓跋鲜卑在新的环境、新的条件下很快适应了社会发展的客观要求，加速了其封建化的进程。其更为重要的意义则在于，使拓跋鲜卑成为第一个统一北方地区并建立政权的北方游牧民族。

晚年政事苛暴，被其次子清河王拓跋绍杀死。

魏太武帝拓跋焘小传

魏太武帝拓跋焘(408—452年)，鲜卑族人，小字佛狸，庙号世祖，是魏道武帝拓跋珪的孙子，共在位三十年。

泰常八年(423年)，十六岁的拓跋焘登上皇位，从此开始他的统治生涯。他在位期间，东征西伐，始光四年(427年)亲率大军进攻赫连夏，占领对方的都城统万(今内蒙古乌审旗南白城子)，并且继续与夏争夺重镇长安。到了神麕三年(430年)，关中的土地全部被他收入北魏版图,夏的残余势力也被消灭。到了太延三年(437年)，他继续进攻北燕，向东北扩张自己的疆土。太延五年,他又击败了北凉沮渠氏,占领河西，至此完成了统一北方的事业，与江东的刘宋王朝对峙，形成南北朝的局面。

自前凉张氏以来，河西地方的文化学术比较发达,号称多士。到了北魏，自道武帝之后,在政治上使用了大量的汉族人,汲取了不少魏晋时期的典制；吞并河西之后,又有大批河西文士进入北魏统治区域，其中不少人到平城去做官，受到了朝廷的重用。北魏的儒学开始兴盛。

由于拓跋焘保持了游牧民族部落联盟酋长的习惯，所以当时的朝廷出师大部分都是由他担任统帅。他一生中曾七次率军进攻柔然。到了太

平真君十年 (449 年)，柔然大败，他接收了柔然的民、畜几百余万。柔然的首领带领其部分部属和人民远迁，自此，北方的边塞得以安静。但仇池 (今甘肃成县西北) 的大氐族杨氏，利用北魏与南朝之间的摩擦，游走在两大势力集团之间，虽然拓跋焘几次用兵，但都没有将其彻底压服。

同时，拓跋焘还非常重视与西域各国的联系。太延三年 (437 年)，他派遣散骑常侍 (官名) 董琬、高明等多人携带金帛招抚西域九国，以后西域与北魏保持经常联系的有十六国之多。

据史书记载，拓跋焘为人勇健，善于指挥，是一位有勇有谋的军事人才，手下将士都很信服于他，愿意为他效力。并且他还有知人之明，经常从士兵当中挑选人才，对于有功劳的士兵会重赏，而犯了错的贵族则照样重罚。

他作为一个统治广大胡汉各族人民的胡族君主，非常维护鲜卑族的地位,猜疑其他各族，在这一点上和其祖父拓跋珪非常相似,动辄就用杀戮的手段解决问题。正是由于他的这种统治手段，使得各族人民奋起反抗。到了太平真君六年，卢水胡的盖吴在关中杏城(今陕西黄陵西南)发动起义，声势浩大。盖吴建号秦地王，追随的人有几十万，并且得到了刘超、薛永宗的响应，拓跋焘调动了强大的兵力才将其镇压下去。拓跋焘受到崔浩、寇谦的影响，信奉道教，排斥佛教。在镇压盖吴起义的过程中，他在长安佛寺中发现大量兵器，认为佛寺与盖吴通谋。太平真君七年，他决心废除佛教，大量诛杀僧人，焚毁经像，佛教在中国历史上第一次受到沉重打击。

其间，拓跋焘曾经向南挥兵，但是由于魏军还不具备渡江灭亡南朝的各种条件，只占领了南兖、徐、兖、豫、青、冀六州，在江边掠民烧屋后退军。

中常侍宗爱做了很多坏事，怕当时的太子揭发，就先诬陷太子晃的宠臣。而太子晃生性胆小，迫于政治上的压力，在忧伤和恐惧中死去。拓跋焘对太子的死非常伤心，宗爱见状，怕他追查对自己不利，干脆一不做二不休，于承平元年(452年)谋杀了拓跋焘。一代君主以悲剧的命运收场。

魏孝文帝拓跋宏小传

拓跋宏(467—499年)，中国著名的少数民族皇帝，后改名叫元宏，鲜卑族人。皇兴五年(471年)，献文帝拓跋弘传位给五岁的太子拓跋宏，国政由他的祖母冯太后主持。冯太后曾经于太和九年(485年)颁行均田令。此后，元宏开始亲自草拟诏策，较多地参与政事。十四年后，冯太后病死，元宏得以独揽朝政大权。他的汉文化修养很高，十分器重出身于江南豪门的王肃，认为鲜卑族必须实行汉化才能巩固政权，统一南北。于是他改变鲜卑的姓氏，如改拓跋姓为元姓；禁止使用鲜卑语言和服饰。元宏因为首都平城(今山西大同东北)交通不便，土地贫瘠，粮食运往都城比较困难，更由于地处北边，不利于控制中原，向南发展，于是于太和十八年迁都于东汉以来的政治、文化中心洛阳。汉化与迁都遭到鲜卑族顽固势力的强烈反对，太子恂因为反对孝文帝的政策，终于被废，后被杀。迁都洛阳以后，元宏更多地任用中原汉族的知识分子，拓跋氏的宗室和代北的旧人对此则一天天的不满，终于在平城发动叛乱，最后被镇压下去。迁都的第二年，元宏即以齐明帝萧鸾篡夺政权为借口，亲自率领大军南伐，从东路渡过淮水向寿春进军。他想一直打到长江边上去，但淮南的三大军事重镇寿春、盱眙、淮阴都没有攻克，最后只是派了个使臣在江边骂了一通萧鸾，便退兵而去。太和二十一年，他又率军从西路南下进攻南阳、新野，攻打悬瓠(今河南汝南)，但没有成功。第二年，齐明帝萧鸾去世，元宏以“礼不伐丧”的借口退军返回洛阳。太和二十三年，他再从西路南伐，当进攻到马圈城(今河南邓州北)这个地方时，因病重班师回朝，不久死于军中。

魏孝文帝拓跋宏是一位卓越的少数民族政治家和改革家。他崇尚汉民族的先进文化，坚决实行本民族汉化，禁穿胡服，禁说胡语，改变度量衡，推广儒学教育，改变姓氏并禁止归葬，提高了鲜卑人的文化水准和文明程度。在他主持下的改革是西北方各民族陆续进入中原后民族融合的一次总结，对中国的发展起了非常重要的作用。

第二章

东魏、北齐：民族融合中的曲折

以高欢为代表的代北势力在六镇起义后开始崛起，消灭尔朱氏的势力后，掌握了北魏的中央朝政大权。公元534年，魏孝武帝与高欢矛盾日深，不甘心做一个傀儡皇帝，于是西奔长安，投靠占据关中的宇文泰的势力。高欢另立十一岁的元善见为帝，是为孝静帝。从此，北魏政权出现了两个皇帝，分别由两大势力支持，经常发生战争。北魏正式分裂为东魏和西魏。其中，东魏政权由高欢控制，存在十六年。高欢死后，其子高洋废孝静帝，建立北齐。东魏的真正建立者其实是高欢，所以我们把东魏、北齐放在同一章里叙述。

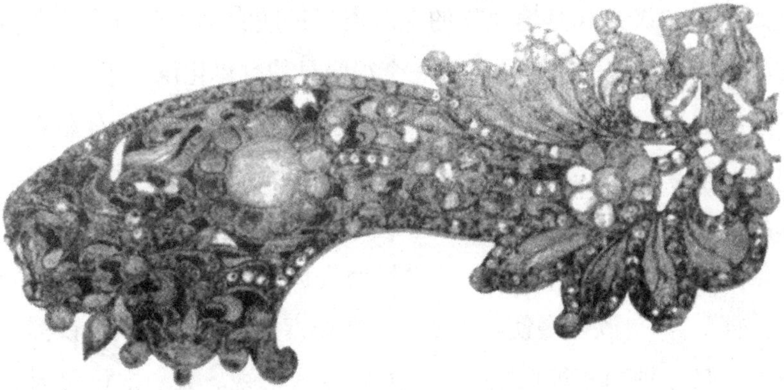

一、高欢起家与建立东魏

高欢出身于北边六镇中的怀朔镇，在镇压六镇起义后，逐渐掌握了六镇的军事力量，建立了与尔朱氏势力相对抗的力量，并在消灭尔朱氏势力后，掌握了北魏的中央实权。不久，孝武帝西走长安，高欢另立孝静帝，与关中的宇文泰把北魏分裂为东、西魏，高欢尽握东魏的军政大权，实为东魏的开创者。

1.高欢的崛起

高欢祖上是汉族人，后投降了北魏政权，但因违反法律被发配到北边六镇中的怀朔镇。这一地区的镇兵和镇民都以鲜卑人为主，但也有被迫迁徙到这里的汉人和其他民族的人。由于长期的民族杂居，后者多已鲜卑化了。到高欢这一代，他就是一个很明显的鲜卑化汉人了。

北魏后期兵户的社会地位很低，属于半自由人。他们只有在立下战功，由政府赦免后才能取得与一般国家编户地位相等的待遇。高欢早年生活比较贫困，母亲去世后，他就一直被寄养在姐夫尉景的家里。长大以后，他娶了一位富足的妻子，才被镇将提拔为队主（一种最低级的基层军事长官），不久改任函使。函使的主要职责是负责由边镇往首都洛阳传递信件，是一种职务很低贱的小军官，受人歧视。有一次仅仅因为坐着吃饭，高欢便遭到上司的一顿痛打。

高欢总共当了六年函使。这时已经到了宣武帝末年孝明帝初年，北魏政权已十分腐败，统治阶级穷奢极欲、佞佛成风；朝中权贵卖官鬻爵，贿赂成风，地方官吏更是拼命压榨百姓。劳动人民在沉重的阶级压迫下，大量破产，被迫流亡，各种社会矛盾迅速激化。函使的生活开阔了高欢的眼界，使他增加了许多社会见识。高欢预感到北魏的政权即将走向末路，天下将要大乱。他是个有政治抱负、想干一番大事业的人，觉得时机快要来了。

魏神龟二年（519 年）二月，洛阳城内发生皇宫卫队里的士兵聚众闹事的乱子。事后，北魏政府只惩罚了几个领头的，其余的人一概赦免不追究。当时高欢正好在洛阳，他目睹了事件的全过程。回到怀朔后，他就对家人说：“政府腐败无能到这种程度，前途可想而知。天下要大乱，钱财还能保得住吗?”于是，他有意识地用钱财去结交那些志同道合

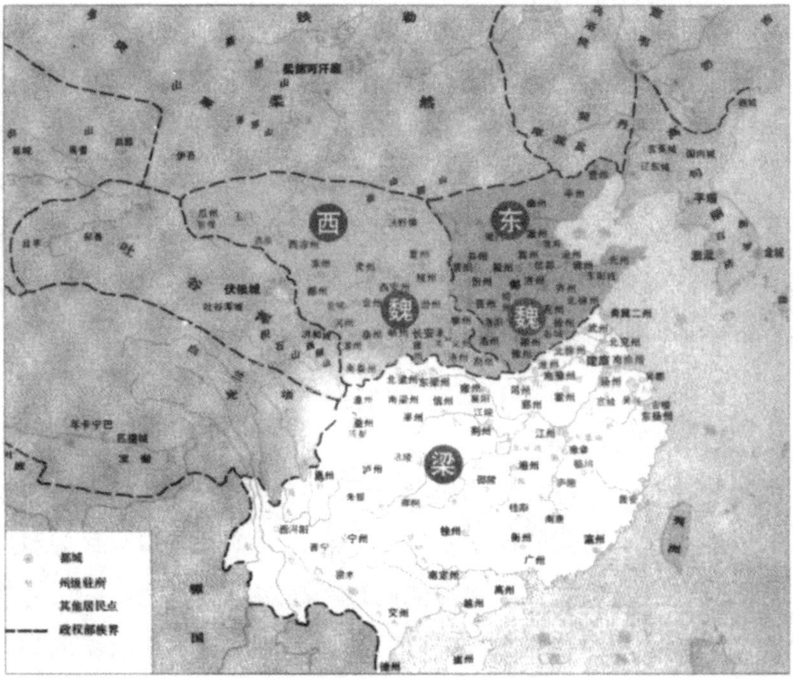

梁、东魏、西魏对峙形势图

的人，慢慢地，身边聚集了不少人。

北魏末年，北方边镇地区成为社会矛盾集中的地方。这里的镇兵、镇民受到的压迫最深，痛苦最大，于是先后爆发了六镇起义以及延续的河北起义。高欢带领他的手下先后参加过两支由六镇兵民为主体的河北义军。高欢参加起义，是为了实现个人的政治野心，所以在杜洛周的义军中，他曾企图谋杀杜洛周，夺取义军的领导权。事败后，他改投葛荣。不久，他又投降了镇压义军的将领尔朱荣，投靠了北魏政府。

尔朱荣是塞上北秀容川（今山西保德县朱家川一带）契胡族的酋长，拥有部落八千余家。北魏内乱时，他乘机大肆招兵买马，发展自己的武装力量。北魏政府无法镇压农民起义，便授予尔朱荣车骑将军及并、肆、汾、广、恒、云六州讨虏大都督的职务，想利用他的军队镇压起义。尔朱荣的势力越来越大，野心也逐渐膨胀。高欢为了迎合他，建议他领兵进入都城，通过武力控制北魏的政权，由此得到了尔朱荣的信任，被任命为亲信都督（卫队长）。武泰元年（528年）二月，尔朱荣让高欢为先锋，长驱直下，进入洛阳，通过血腥屠杀把持了北魏的朝政大权。同一年九月，尔朱荣出兵镇压葛荣。高欢利用旧日与河北义军的关系，进行分化瓦解，诱使七个称王的义军首领叛离葛荣，导致河北义军的起义失败。之后，高欢又参与镇压山东的羊侃、邢杲起义，因战功被任命为第三镇酋长、晋州刺史等职，成了尔朱荣最得力的部将。尔朱荣也认为，在他的部属中，只有高欢可以代替他统军，是个帅才。

2.消灭尔朱氏势力集团

魏永安三年（530年），北魏孝庄帝不甘心做一个傀儡皇帝，设计将尔朱荣杀死。尔朱荣的侄子尔朱兆大怒，领军从晋阳起兵为叔父报仇。临行前，尔朱兆要求高欢与他同行。高欢以汾晋地区的山蜀作乱为借口，在晋州（今山西临汾地区）按兵不动。在尔朱氏家族中，高欢只敬畏尔朱荣一人，他认为尔朱兆性格粗鄙又生性狂妄愚昧，成不了大业，不愿意附属于他。尔朱兆兵陷洛阳以后，高欢就警告他不要杀害皇帝，否则将会十分被动。然而尔朱兆对此置之不理，仍将孝庄帝弄到晋阳杀死。这使高欢决意脱离尔朱氏，建立自己独立的力量。

不久，高欢请求尔朱兆让他治理自己辖下的二十万六镇降户。而所谓六镇降户，就是参加河北起义的六镇兵民的残余力量。起义失败后，尔朱荣把他们迁徙到山西的并州（今山西太原地区）、肆州（今山西忻县地区）一带。由于受到契胡族军人的欺凌，无法正常生活，六镇降户经常起来反抗，前后进行过二十六次造反。尔朱荣、尔朱兆因此杀死了很多人，但是骚乱仍然无法平息，所以这些六镇降户成了尔朱兆最头疼的问题。但是高欢却对他们很感兴趣。他想要自立的话，必须得有自己独立的武装力量，而六镇降户正是他所需要的。他知道凭借自己同六镇的特殊关系，不但有能力控制他们，而且能把他们训练成一支强悍的军队。于是，高欢对尔朱兆说："二十多万人，怎么能全杀死呢？你应该选个可以信任的人把他们编制和统率起来，如果再有人闹事，你就惩罚这个将领。只要有人认真地管教，闹事的人自然会少了。"尔朱兆说："好办法！可让谁来管呢？"还没等高欢开口说话，他的一个下属抢着提到高欢。高欢一拳打掉那个下属的牙齿，并要求尔朱兆处死他。高欢演出的这场苦肉计，骗取了尔朱兆的信任，于是就把统率六镇降户的权力交给他。高欢害怕尔朱兆酒醒后反悔，立即出营向六镇降户宣布尔朱兆的任命，并命令他们到汾水以东的阳曲川集合。六镇降户一直非常痛恨尔朱兆而对高欢有一些好感，所以能够比较服从他的调遣。在去阳曲川的路上，高欢把尔朱荣妻子从洛阳带来的三百匹战马劫走，还杀死了尔朱兆派遣的统领降户家眷的将领。这些做法，不仅壮大了自己的力量，而且进一步得到了降户们的拥护。

这时，河北地区的政治形势错综复杂，尔朱氏集团和他们的反对派争夺最高领导权的斗争异常激烈。尔朱氏的亲信刘诞和侯渊分别占据着相州（今河北临漳县地区）和定州（今河北定县地区），控制殷州（今河北隆尧地区）大权的则是尔朱氏家族的成员尔朱羽生。反尔朱氏的势力主要集中在幽州和冀州：幽州（今北京地区）刺史刘灵助自称燕王，扬言要为孝庄帝报仇；占据冀州（今河北冀县地区）的河北大族封隆之，高乾、高昂兄弟更是与尔朱氏势不两立。他们杀死了尔朱兆派来的监军白鹞，并将前来偷袭的尔朱羽生打败。此外，中原还有很多地方的坞堡势力也拒绝与尔朱氏合作。

高欢要想在河北站稳脚跟，建立同尔朱氏相抗衡的势力，就必须取得反尔朱氏的河北大族支持。因此，他一面自称与高乾、高昂兄弟是同宗，一面放出进攻冀州治所信都的消息。由于高欢尚未脱离尔朱氏集团，河北大族不清楚他的真实意图。高乾特意来到高欢这儿摸底，他劝说高欢与尔朱氏决裂，并邀请他占据冀州。这时，赵郡大族李元忠也赶到。李元忠是殷州的大坞堡主，控制堡户多达数千家，他表示自己有能力控制殷州的局面，想归附高欢。同时，尔朱氏也想拉拢高欢，并授予他高官厚禄。于是，高欢占据冀州，开始对六镇降户进行改编。高欢极意笼络他们，先自称自己也是鲜卑人，同他们讲话也一律用鲜卑语。他还想方设法地加深六镇降户对尔朱兆的仇恨，派人故意散布消息说，尔朱兆要把他们卖到并州去当奴隶，还要征发他们去打仗。一时间，六镇降户个个人心惶惶，对尔朱兆更加痛恨。他们表示愿意拥戴高欢做首领，决心跟随高欢起来造反。高欢看到时机成熟，便向他们讲："你们这些人大多都不懂得纪律。一个军队，即使人数再多，如果没有纪律迟早是要垮台的。如果让我当统帅，那必须首先定下纪律，不许欺负汉人，更不许违犯我的军令。"高欢说完，六镇降户全都跪倒在地，高喊道："我们全听将军的安排。"

高欢为什么向他所统率的六镇军队提出不许欺负汉人的问题呢？这是因为孝文帝从代北平城迁都洛阳以后，北魏政府对六镇的鲜卑采取歧视的政策，这就形成了六镇人对汉化和汉人极度仇视的心理和想强烈报复的情绪。河北是汉人的居住区，高欢想要在河北立足，首先要解决的就是鲜卑人与汉人的矛盾。所以，高欢经常劝诫鲜卑人要加强纪律，尊重汉人。一次，他对鲜卑军人讲："汉人是你们的奴婢，男人为你们种地，女人为你们织布，让你们得到温饱，你们为什么要欺负他们呢？"他自己更是以身作则，当行军路过汉人农田的时候，都要牵着马慢慢地步行而过，不让军马踏坏庄稼。高欢还规定，汉族老百姓家的东西，一概不许掠夺。在当时那个战乱的年代里，像高欢这样能注意严明纪律、约束军队的统帅，可谓是很少见的。所以，高欢军队的名声最初还是比较好的。

同时，高欢还努力加强同河北大族的关系。他称高乾为叔父，并让自己的儿子以子孙的礼节拜见他们。高欢还注意尊重他们的民族感情，凡是高氏兄弟在场，他同军队讲话都改用汉语，还允许他们保留自己的军队。为了消除汉人对鲜卑军人的对立情绪，他对汉族老百姓讲："鲜卑人接受你们的粮食和布匹，是替你们来打仗的，是为了让你们过上安宁的日子。你们不要恨他们。"这种缓解民族矛盾的做法在当时是比较得人心的。经过几个月的努力，高欢在河北立足已稳，于是宣布与尔朱氏彻底决裂。不久，高欢派人攻打殷州城，将尔朱羽生诱出城外杀死，同时向天下宣布尔朱氏所犯的罪恶。不久，他在信都拥立北魏宗室元朗为帝，自任丞相、都督中外诸军事、大将军、大行台等职，公开与尔朱氏操纵下的洛阳政府相对抗。

高欢的突然背叛，极大地激怒了尔朱氏一家。不久，尔朱兆亲率大军攻打高欢。由于高欢十分了解尔朱氏家族的内部矛盾，于是施展离间计，使尔朱仲远不战而还。而他乘机在广阿大败尔朱兆，俘虏了五千多人。接着，他又攻陷了殷州、相州，生擒刘诞，不久迁都城于邺（今河南临漳县西南）。高欢的节节胜利，迫使尔朱氏内部暂时联合起来，先集中全部力量消灭高欢。他们集结了大约二十万人的军队，气势汹汹地杀向邺城。当时的形势对高欢是十分不利的，尔朱氏军队不但数量众多，而且以剽悍雄健的契胡族骑兵为主。而高欢的军队则是步骑交杂，骑兵不足两千人，步兵也不满三万人，双方实力悬殊。面对处于绝对优势的敌人，高欢冷静地采取了集中兵力、破釜沉舟的战术。他只留下很少的军队守护邺城，把主力部队调到邺城东南方的韩陵山下，摆成一个圆阵。他下令将士用绳索把许多牛、驴等牲畜拴在一起，同时将去往邺城的归路堵死。全军将士也明白自己已经处于绝境，只有决一死战才能生存，顿时士气大增，整个军队充满着慷慨赴死的决心。

战斗开始后，高欢一马当先率领主力部队向敌军阵营冲去。河北大族高昂率领三千名由他的乡里部曲组成的私兵担任左翼部队，高昂的弟弟高岳则指挥着右翼部队。尔朱军仗着自己兵多将众，从四面八方包抄过来。他们把进攻的主要目标放在高欢的中军，企图活捉或杀死高欢。这样，高昂和高岳的左右两军受到的攻击压力反而不大。高岳发现受到敌人重点攻击的高欢的中军形势危急，当机立断，马上从右军中抽调五百名最为精锐的六镇鲜卑铁骑，对准敌军前驱部队的主帅尔朱兆猛冲过去。高昂也亲率一千名汉人骑兵，冲击尔朱军的左右翼。高欢手下的另一位将领斛律敦乘机绕到敌军背后，攻击敌人的后应部队。骄傲轻敌的各路尔朱军怎么也没有想到会突然同时受到攻击，一时晕头转向，反应不及，都纷纷溃败逃跑。高欢看见敌军阵营大乱，立即抓住战机，命令全军全力冲杀敌军。尔朱军抵挡不住，很快土崩瓦解。尔朱兆见大势已去，带着残兵败将狼狈地逃回晋阳，他的几个叔叔、兄弟也抛下军队各自逃生。在这场决定命运的韩陵之战中，高欢硬是依靠自己的智慧和勇敢打败了敌人，以三万之众打败了七倍于己的敌人。韩陵之战也成为我国历史上一次著名的以少胜多的战例。

韩陵之战后，北方的政治、军事形势发生了重大的变化。尔朱氏各派势力大减，不久就被高欢一一消灭了。除了晋阳的尔朱兆还在苟延残喘外，其余的人不是被杀，就是逃到南朝去了。不久，高欢率军进入洛阳，废杀了尔朱氏拥立的节闵帝元恭，以及原来的傀儡元朗（只因他是魏宗室的疏属），另立元脩为帝，是为北魏孝武帝。高欢则被授予大丞相、天柱大将军、太师等职，把北魏政府的实权牢牢地掌握在自己的手中。为了剿灭尔朱氏的残余势力，高欢亲率大军进攻晋阳。尔朱兆仓皇舍弃晋阳，退到北秀容。不久，尔朱兆兵败自缢而死。

3.创建东魏

尔朱氏的势力覆灭之后，高欢掌握了中央朝政大权，而孝武帝不愿受高欢控制，他不仅加强禁卫军，以防备晋阳，而且还把一部分军政大权转移到高欢的反对派手中，他还秘密地和拥兵关陇的贺拔岳建立了联系，任用贺拔岳的哥哥贺拔胜都督荆州等七州的军事。不久，孝武帝杀死在朝中任职的高乾，罢免了高欢亲信韩贤的建州刺史职务，将高欢安插在洛阳的亲信党羽一一地清除掉。

这时的高欢由于发现晋阳一带地理位置十分优越，四周群山环绕，易守难攻，是个极好的屯兵之地，因此便在晋阳建大丞相府，长期住在那里，遥控洛阳。他还把手下的鲜卑人从河北迁到了并州、汾州一带，并且分别在秀容郡（今山西原平县）、寿阳城（今山西寿阳西）、受阳县（今山西文水东）设置恒、燕、云三州的侨州政府；又把六镇改为朔、显、蔚三州，分别在六壁城（今山西孝义西南）、邬县（今山西平遥西北）等地设置侨州政府。侨州政府不受当地政府管辖，而直属大丞相府。高欢从政治、经济上给予六镇鲜卑很多特殊的待遇，只让他们以打仗为主要职业，不从事生产，衣食供给都来自汉族人民。六州鲜卑拱卫在晋阳的四周，这样既有利于高欢对军队的调发和使用，又成为他重要的兵源。

永熙三年（534 年）五月，魏孝武帝下诏调发河南诸州军队，声言要亲自进攻南方的萧梁王朝，而实际上是想突袭晋阳，消灭高欢。高欢识破了孝武帝的意图，立即将计就计调集了二十四万大军，声称是应诏南伐，兵分四路，大举南下。七月，高欢的军队渡过黄河，迫使孝武帝丢弃洛阳，西逃长安，投奔到贺拔岳的继任者宇文泰那里。八月，高欢占领洛阳，大肆清除异己。但孝武帝的离去也使高欢丧失了政治资本，他前后写了四十多封信，请求孝武帝东还，均遭拒绝。为了对抗关中的政治压力，高欢另立年仅十一岁的元善见为帝，是为魏孝静帝。不久，他以洛阳地理位置难以抵御外敌入侵，不适合做都城为由，下令迁都到邺城。高欢的命令下达三天后，洛阳城民四十万户被迫前往邺城。高欢则留在洛阳处理后事，事毕后返回晋阳，从此军国大权一律归入相府。北魏被一分为二，因为以邺城为都的北魏王朝居于宇文泰控制下的北魏长安王朝的东方，故史称东魏。北魏就这样灭亡了。

二、北齐的建立和发展

高欢虽然掌控着东魏的政局，但一直没有登基称帝。公元547年，高欢去世，其子高澄继位，但没过两年就被人刺杀。之后，不被父兄所重视，为人很低调的高洋突然崛起，继承了父兄权位。公元550年，高洋逼孝静帝禅位，自己登上帝位，建国号为齐，史书称为北齐。

1.东魏与北齐的过渡人物——高澄

高澄是高欢的长子，从小就聪明过人，深得高欢的喜爱。公元531年高欢攻下邺城后，便将他立为世子。高欢一直把他作为接班人来培养，而高澄虽然性格比较粗鄙狂放，却不失一位领导人应该具有的政治素质。

公元546年11月，高欢在与西魏征战过程中身患重病，便准备班师回朝，同时也飞速把高澄召来，以便自己死后，权力可以顺利交接。而在当时身为司徒、河南大将军、大行台的侯景，早就心怀不轨，他很看不起高澄，觉得他并不能担当大任，只是由于高欢的威信与实力，才不敢肆意妄为。所以，当他听到高欢病重的消息后，觉得时机快要来了，高欢一死整个东魏就没有人能压制住自己了。于是立即在荆州等河南之地扩充兵力，壮大自己的力量，等待时机。高澄早已知道侯景的异心，深知现在形势严峻，所以在父亲高欢去世之后便秘不发丧，一面不让侯景知道父亲已经去世，一面迅速采取措施巩固自己的权力与地位。等到政局都控制住的时候，才向天下公布父亲去世的消息，同时下令侯景进京吊丧。侯景抗命不从，不久正式背叛东魏，投靠了西魏，而且一口气攻下了许多城池，扩大了自己的势力范围。由于崔暹在以前曾经弹劾过侯景，使他很不高兴，等到侯景叛乱后许多大臣便将侯景之叛归咎于崔暹，请求高澄杀了崔暹而抚慰侯景。高澄举棋不定，想听从众人的意见，大臣陈元康却坚持认为不能“枉杀无辜”，即使杀了崔暹也不能阻止侯景叛乱，这才使高澄取消了此念，于是派遣韩轨率军讨伐侯景。没过多久，侯景又表示愿意投靠梁朝，梁武帝力排众议，接纳了侯景的归降，而且封给他“河南王”等称号。于是，高澄不得不费尽心机与侯景的势力争斗，最后用反间计使侯景又反叛梁朝。南梁遭到严重打击，国力大衰，从此南方再也无法与北方相抗衡。

高澄一面部署征讨侯景，一面则密切注意境内其他各州的情况，以防有人想乘机推翻他们的统治，而中央政权的控制是他最关心的事情。他安排其弟高洋为京畿大都督，留守于邺城，并由黄门侍郎高德政辅佐，控制住京城的局势，自己则回到晋阳，开始为父亲发丧。孝静帝一看无机可乘，只好任命高澄为使持节、大丞相、都督中外诸军、尚书事、大行台、渤海公，并让其弟太原公高洋摄理国事。高氏兄弟牢牢地控制着朝政。

由于孝静帝长得比较俊美，文武双全，因此很得朝臣拥护，对此高澄暗中十分忌惮，把他视为自己进一步扩张权力的重要障碍。自从取得朝廷大权后，高澄为了打压孝静帝，对孝静帝的胁迫越来越加重。他派遣中书黄门郎（一种官职）崔季舒监视孝静帝的一举一动，事无大小，都得向自己汇报。有一次，孝静帝在狩猎时由于一时心情高兴便策马飞扬，身边监视孝静帝的人却说：“陛下请不要再驰马，否则大将军高澄会恼怒的。”又有一次，高澄在和孝静帝一起吃饭时硬要向孝静帝敬酒，孝静帝不得不从，不禁怨恨道：“朕身为天子，却处处受人节制，活着还有什么意思！”高澄当即发怒道：“什么‘朕’、‘朕’，你就是个狗脚‘朕’。”说完竟然下令让手下人打了孝静帝三拳。像这类的羞辱很多，使孝静帝难以再忍受，便与礼部郎中元谨、长秋卿（一种官职）刘思逸等人密谋诛杀高澄。最后事情败露，高澄随即带兵进宫，当面指责孝静帝：“陛下，难道你要造反吗？”孝静帝无奈地说道：“自古以来，我没听说还有皇帝要造反的！”

公元549年4月，高澄以大将军身份兼相国，封为齐王，其权位已经达到了作为一个臣子所能达到的顶峰了。于是高澄便与亲信们密商怎么夺取元氏东魏政权的事情。8月的一天，高澄又与陈元康、杨愔、崔季舒等亲信在内堂谋划让皇帝怎么禅位的事情，一个专门管他饮食的奴才兰京进入内室给他送饭。高澄不要，突然对在座的人说道：“我昨晚梦见这个奴才用刀砍我，看来我得处死他。”兰京本来就由于高澄对他十分苛刻，早与几个人策划怎么谋杀他，当时听到这话，更是下定了“先下手为强”的决心。于是他把刀藏在盘子底下，再一次进去给高澄送饭。高澄看到他又来了，便大怒道：“我没有下令，你怎么一再地进来?”兰京大喊道：“我是来杀你的!”高澄一时没有防备，虽然钻入椅子底下，却被兰京一把拖了出来，当场杀死。兰京的同党也立刻进来杀人，陈元康由于用自己的身体挡着高澄，被兰京刺得肠子都流了出来；舍乐格与反贼格斗到死；但是杨愔与崔季舒却慌忙夺路而逃了。兰京最后被闻迅赶来的高洋斩杀，这时高澄早已死去多时了，年仅二十九岁。高澄终于没能圆了做皇帝的梦。

2.残暴皇帝高洋

高洋是高欢次子，小时候其貌不扬，沉默寡言，其实大智若愚，聪敏过人，虽然有时被兄弟们嘲笑或玩弄，但他的才能还是得到了父亲高欢的欣赏。在高澄被奴隶刺杀之后，高洋镇静而从容不迫的一系列表现，很快得到高澄旧部的拥戴，没多久就牢牢地掌握了大权。

公元550年5月，高洋凭着父亲高欢和哥哥高澄在东魏奠定的基础，废掉东魏孝静帝，成为北齐的开国皇帝。废帝在一年多后被毒死。在北齐的开国初期，高洋能够留心政务，削减州郡数量，大力整顿吏治，训练军队，加强边防，使北齐在很短的时间内强盛了起来。同时，在高洋统治时期，北齐与北周的关系也比较平稳，因而得以集中兵力、财力向北方和南方扩张。从天保三年(552年)以后，北齐连年出兵塞外，清除塞外游牧民族对北方边境的威胁，先后大败契丹、山胡、柔然等民族，虏获了几十万人和百万头牲畜，还从幽州到恒州筑起了九百余里的长城。这样，北齐的国力大大增强。当时南朝梁又正值侯景之乱后，国势骤衰。因此，北齐的兵锋直抵长江，先后两度兵临建康城下，虽然都被陈霸先击退，但北齐的疆土已经扩展到淮南，与后来的陈朝以长江为界。所以高洋在位的初期，政治是比较清明的，经济也比较繁荣，尤其是其中的盐铁业、瓷器制造业相当发达，是同陈、西魏相比最富庶的。

可惜没过几年，高洋开始以功业自傲，以鲜卑族自居，整个北齐开始出现对魏孝文帝以来汉化政策的反动，使民族融合在北齐出现了历史的倒退。高洋敌视汉族文化，开始提倡鲜卑化，鼓励人们使用鲜卑语、

常平五连铢(北齐)

鲜卑风俗、鲜卑姓，对不愿鲜卑化的人进行严厉打击并大加杀戮，使北齐的民族矛盾顿时激化起来。高洋鲜卑化政策的实行也使北齐的国力开始衰弱，与此正好相反的北周却进一步实行汉化，国力最终强大起来，并最终消灭了北齐。这也是北齐灭亡的一个很重要的原因。

此外，随着北齐政权的逐渐稳固，高洋的本性也一步步地暴露出来。据史书记载，高洋是个整天荒淫酗酒，性情十分暴虐的人。据说，他在金銮殿上摆有一口锅和一把锯，每次喝醉了酒，就想杀人。由于他从早到晚都在喝酒，因此从早到晚都在不停地杀人。宫女、宦官和亲信每天都有人惨死在他的盛怒之下。最后没办法便从刑部把判决死刑的囚犯送到皇宫供高洋杀，以至于因为杀得太多，死囚也不够供应了，就把还正在审讯中的被告拉进皇宫充数，称为“供御囚”。高洋每次外出时，“供御囚”也跟随在侧，他下令只要三个月不死，就可无罪释放。还有一次，高洋喝醉后不知怎么突发奇想，下诏让山东地方政府征发两千六百名寡妇，赏赐给军队中的未婚青年、大龄青年和鳏夫。可是山东一地哪来那么多的寡妇？高洋不管这些，地方官吏不能不管这事，面对皇帝不可违抗的诏令，只好把许多夫妻活活拆散，弄得当时山东地区天怒人怨。

在高洋还幼年时，宰相高隆之曾经对他有过不太礼貌的行为，当他想起这个仇恨来，便下令把高隆之杀掉。不知道怎么回事，他是越想越恨，下令把高隆之的二十多个儿子全部砍死。高洋凶性发作的时候，对亲生母亲也一样对待。有一次，他把母亲娄太后坐的小矮凳（胡床）给推翻，使太后跌伤。又有一次，他大发脾气，扬言要把母亲嫁给鲜卑家奴。还有一次，高洋到岳母家，一箭射中岳母的面颊，吼叫说：“我喝醉了连亲娘都不认识，你算什么东西！”说完后还不解气，又把已满脸流血的岳母打了一白鞭。高洋把平日经常规劝他的两个弟弟高浚和高涣囚禁到地窖中的铁笼里，有一次高洋亲自去看他们，不知怎么想起了唱歌，于是大声地唱了起来，还让他们两人相和。二人既惧又悲，声音一直在颤抖。高洋听了，也不禁流下了眼泪，突然提起铁矛向二人猛刺。两个弟弟用手抓住铁矛不停地挣扎，哭声震天，不久就被刺成一堆肉酱，最后连同铁笼一起烧毁。再到后来，随着高洋酒瘾大增，几乎每天都在醉梦之中。正常人大醉的时候是昏睡过去，而高洋一醉就杀人，杀人还不是好好地杀，而是要么肢解，要么焚烧，要么投河，喜欢把人虐死，这样他才能感到些许快乐。

不久，这位皇帝的行为更加让人惊叹，他有时赤身裸体，有时还涂脂抹粉，有时更是穿得像个小丑，手中提把大砍刀，常常醉醺醺地走在街市坊间。用现代人的眼光来看，这人精神上有严重的问题。慢慢地，高洋又不停地前往勋贵大臣的家里，每当看见漂亮的女人，根本不管手下人的感受，不管是已婚未婚，或者是谁的妻子谁的女儿，立即就予奸淫。再往后，高洋又不知怎么迷上了不穿衣服而骑着梅花鹿、白象、骆驼、牛、驴等动物出去游玩，而且边走边唱歌。有一次，他正在街上游玩，遇见一位妇人，便问："我这个皇帝做得怎么样？"这个妇人性格比较耿直，回答说："癫癫痴痴，哪像个天子的样！"高洋大怒，抽刀就把妇人杀死。

如此下去，北齐简直成了一个令人恐惧的"人间地狱"。朝政的腐败，国势的衰落，使军队的战斗力也日益衰弱，北齐已经国将不国了。腐化的生活更是缩短了高洋的寿命，公元559年，高洋因病而死，年仅三十一岁。高洋死后，北齐政局愈来愈混乱，可以说北齐的衰落正是从高洋开始的。

三、北齐的衰亡

高洋死后，只留下一个烂摊子给后代，又经过一系列的政变，北齐的国势更加衰弱了。等到高纬即位后，北齐政权更加腐败无能、民不聊生，国家已经到了摇摇欲坠的地步。最终，在改革中强大起来的北周于公元577年攻入邺城，北齐灭亡，北方又重新统一。

1. “无愁天子”高纬

在高纬即位时，北齐已经到了风雨飘摇的年代，国力大衰，百姓都生活在水深火热之中。尤其到了高纬在位时期，统治更加腐败，政权到了将要崩溃的地步。

高纬小时候天资还是很好的，学习文艺，设置文林馆，吸引了大批知识分子到里面。但他生性羞涩，说话时几乎没有声音，一向没有志向，不喜欢见朝中大臣，对于不亲近宠信的人，便不与他们交谈。他性格懦弱之极，如果有人注视自己，就会很不高兴，并出言加以责怪。当有人向他奏事，即使是朝中位高权重的人也不敢仰视，都稍稍陈述个大概情况，就慌忙地走了出来。有时出现灾荒、寇盗、水旱这样的天灾人祸，他也不下诏自我谴责，只是在几个地方设斋戒以用来修德。

他一向自以为神机妙算，骄纵异常。又作无愁之曲，并自弹琵琶来唱和，侍从跟着唱和的有上百人，民间称他为“无愁天子”。有一次，他不知怎么突然要看一下盗贼们长得什么模样，看到后都加以杀害，还让人剥下面皮来看。

后主高纬自己不理政事，而是任命一群奸佞小人如陈令萱、和士开、穆提婆等为宰相治理天下。他们这些人专权弄事，大肆任用自己的亲党，不按朝廷规定来任免官员，而是把官职公开拿出来买卖，贿赂的钱越多官越大；犯罪轻重也是由行贿来判决，即使杀了人只要有钱就不会被判罪。没过多久，北齐的政局开始极其混乱，整个朝堂乌烟瘴气。高纬时期还有个奇怪的政治现象，就是后主喜欢大加封赏他人。根据史书记载，后主在位时期，官员的奴婢、阉人、商人、胡户、杂户、歌舞人等被封赏就将近万人；平民百姓被封王的就有上百人，没有记录的就更多了；门府官员升为仪同之类高职位的也有无数。有的部门首脑官员就设有三十人，在批写文书时，因为各有各的写法，都不署自己的姓名，到最后都不知是谁批的。那些得到后主宠幸的人，祖先被追赠官职，每年晋一位，直到极点为止。宫中的奴婢都被封上郡守之位。皇宫里吃穿极为奢侈豪华，一条裙子、一个镜台就价值千金，甚至早上穿用的衣物晚上就不要了。连宫里养的马匹和鹰犬都有仪同、郡君这样的称号，狗和马都穿上了防寒衣物，斗鸡也号称开府，而且都给予相应的待遇。

后主高纬还大兴土木，增筑宫苑，驱使大量工匠为他大造宫殿楼阁，其间都用丹青描画，雕刻的景物一个个都惟妙惟肖，冠绝当时。据史载，高纬又在晋阳城建起十二院，壮丽甚至超过了邺都。而他所喜欢的东西都很难保持长久，几次毁了又建，建了又毁。他还不让工匠们休息，命令夜晚用火把照着施工，天冷则用热水和泥，以防结冰。晋阳城的西山上在凿刻大佛像时，一夜就燃尽一万盆的灯油，光亮照射得连宫里都能看到。高纬要为胡昭仪建大慈寺，没建成，又改为穆皇后建大宝林寺，耗费数亿计的金钱，人与牛累死的不可计数。有时高纬心血来潮，便在华林园设立一个贫穷村舍，自己则穿上穷人的衣服扮作乞丐，跟人要饭。又设穷儿市场，亲自学做生意；还在西边筑了座城，让人穿黑衣扮作羌兵，充当入侵的敌人，自己则扮作将军来抵御敌军，不时还用弓箭射人。

高纬在位时期，由于横征暴敛，赋敛日益严重，徭役频繁，人力缺乏，使生产都无法保障，财政收入也越来越少，统治阶级的荒淫腐朽加速了北齐的衰败。

公元576年，北周武帝看到北齐国力衰弱，大举兴兵东征北齐。在进攻晋阳时，正是由于高纬的贪生怕死，看到北周军力强盛，先行逃跑，导致北齐大败，以后更是一发不可收拾。高纬回到邺都后，下令重新征募士兵，而且口口声声说要加重赏赐，实际上既不去做，也不出钱物。反而有感受到危机的人，例如广宁王高孝珩请求拿出宫中的珍宝来赏赐将士，好让这些人效力，后主听后很不高兴。斛律孝卿被任命为军队的统帅，于是请求皇帝亲自劳军，而且还事先为高纬写好了演讲辞，一再叮嘱后主："演讲时应该慷慨流涕，以此来感动并激励将士之心。"而就在这种国家危难的时刻，后主来到军队的前面，就要准备说话时，突然一时什么也想不起来，憋了一会儿，便索性大笑起来，身旁的人也都跟着笑。将士们都很气愤地说："皇上尚且如此，我们何必还要为他们卖命呢！"军队都灰心丧气，士气不足，很快就被周军打得大败。而高纬就在企图逃到南朝时被俘虏，北齐就这样灭亡了。

2.北齐名将斛律光

斛律光（515—572年）本是高车族人，出身于将门之家，他的父亲就是那位在高欢军中唱《敕勒歌》而名扬古今的斛律金。

斛律光从小就善于骑射，以武艺高强而知名，十七岁时便被高欢任命为都督，后又为高澄的亲信都督。一次随皇帝打猎时，一只大鸟在云际中飞翔，斛律光引弓而射，正中鸟的脖子。大鸟落地后，人们一看原来是一只大雕，因此被世人称为"落雕都督"。斛律光为人刚直，治军严厉，打起仗来总是身先士卒，勇往直前，因此他的部队战斗力很强。在北齐和北周之间频繁的战争中，他带兵几十年，多次立有战功，从没有打过败仗，因此北周将士都很怕他。

公元564年，北周派大将达奚成进攻平阳（山西临汾西南），北齐派斛律光率步骑三万前往抵抗。达奚闻报是斛律光领军前来，心生惧意，不战而退，齐军乘胜追入北周境内，俘虏了周军两千多人。第二年的冬天，北周宇文护亲自率领大军十万人攻打洛阳，并派雍州牧齐国公宇文宽、同州刺史达奚武、泾州总管王雄屯兵邙山（河南洛阳西）以作策应。北齐则派出兰陵王高长恭和斛律光前往救援，齐王自己也领军从晋阳出发，作为后应。齐周两军在邙山相遇，斛律光首战大胜，与高长恭带领五百名骑兵突破周军包围从容地进入洛阳城，与城内守军会合。周将尉迟迥退守邙山，会合宇文宽、王雄等兵不敢再应战。猛将王雄不服，冲入斛律光营中。斛律光见他来势凶猛，奔出阵后，假装落荒而逃。王雄紧紧追赶，当追到只相距数丈时，大喊："我要擒住你，献给天子！"话还没说完，却见斛律光取弓搭箭，返身一射，正中王雄的前额。王雄跑回营中，当晚因伤势过重死去。斛律光则乘胜出击，大败周军，获得了许多粮食和盔甲。齐王高湛赶到洛阳后非常高兴，晋升斛律光为太尉，又封爵位为冠军县公。

公元567年12月，北周再次围攻洛阳，阻断齐军粮道。第二年的正月，斛律光奉高湛的命令率步骑三万前往抵御。等军队到达定陇这个地方时，与在这里的周将张掖公、宇文桀、中州刺史梁士彦、开府司水大夫梁景兴等相遇。斛律光二话没说，一马当先领军冲向敌人，大败宇文桀军，杀死了两千多人。之后，齐军又长驱直下，一直到了宜阳这个地方，与在这里防守的北周齐国公宇文宪、申国公拓跋显敬相互对峙了有一百多天，有效地抵御了北周的进攻。斛律光一生与北周大小战争无数，战功赫赫，即使在北周的军队里名声也很高，很多周将都不愿与他打仗。

斛律光最后以军功累至大将军，在他父亲去世后，又袭封为咸阳郡王，被任命为左丞相。他有一个女儿做了皇后，两个女儿做了太子妃，家中不少子弟都封侯做将，还娶了三位公主。他的弟弟斛律羡是幽州刺史，在边境筑城设险，养马练兵，兴修水利，劝课农桑，威震突厥。整个家族地位十分显赫，门第极盛。但斛律光却常为此担忧，深怕惹来祸患，居家很是严厉，生活也比较节俭，不为自己谋取私利，更加不敢干预朝政。而当时的北齐后主高纬是个昏庸无能的皇帝，他宠信祖珽、穆提婆等小人，政治十分黑暗腐败。斛律光是个正直的人，非常讨厌这些人，说道："这些人再当权，国家离破亡不远了。"这句话引起了他们的忌恨，并密谋怎么清除斛律光。

这时，北周的名将韦孝宽因为屡次与斛律光交战都没有取得胜利，于是利用高纬昏庸无能，又听说斛律光与祖珽等权臣不和，便制造了斛律光想篡位的谣言，并命人编成儿歌，在邺都城内歌唱，歌词说道："百升飞上天，明月照长安。"百升为一斛，明月是斛律光的字，谣言暗示斛律光有篡位的野心。祖珽等奸臣小人乘机向高纬进谗言，同时指使人诬告斛律光要谋反。公元572年6月，高纬假装赏给斛律光一匹骏马，并约他第二天到东山游玩，将他诱到宫中后，杀害了他，时年五十八岁。并以谋反罪尽灭其族，当高纬派人抄家时，只得到一些宴射用的弓箭刀鞘，没有一点多余的财物。

齐后主高纬自毁长城后，还自鸣得意地以为自己的江山从此永固。周武帝得到斛律光被杀的消息后，高兴得居然下令大赦国内，并于公元577年发兵长驱直入，攻下了邺城，灭了北齐。他下诏追封斛律光为上柱国、崇国公，并指着诏令对大臣们说："如果此人还在的话，我岂能这么容易得到邺城呢！"

点评

北齐从公元550年建国到公元577年灭亡，只存在了二十七年的时间。在立国初期，也就是高欢、高澄、高洋的时期，北齐国力超过了北周，但是短短十几年的时间就迅速地衰弱乃至最后落到被灭国的下场，其中个味令人深思。除了统治者荒淫腐败、没有治国才能之外，北齐逆历史潮流，实行鲜卑化，用国家机器的力量压制民族融合也是一个重要原因。北周虽然国力弱小，但经过两次改革，加快了汉化的进程，加深了民族的融合，最终国力超过了北齐和南方的陈朝，为最后隋的统一天下奠定了基础。北齐灭亡的教训告诉我们：顺历史潮流者昌，逆历史潮流者亡！

相关链接

高欢小传

高欢(496—547年)，南北朝时期东魏权臣，北齐的实际创建者，北齐开国皇帝高洋的父亲。其子高洋称帝后，追尊他为高祖。

高欢的祖籍在渤海调蓨(今河北景县南)，祖爷爷高谧曾经是北魏侍御史，后来犯法，全家迁到了怀朔，此后就一直居住在这里。怀朔这个地方本是鲜卑人居住和活动的地方，而高欢就生长在这里，并且成人后还娶了一个鲜卑贵族出身的女人为妻，所以史称他“累世北边，故习其俗，遵同鲜卑”，也就是说，他是一个鲜卑化了的汉人。

六镇起义爆发后，他先后投靠杜洛周和葛荣，之后又脱离义军投靠尔朱荣，并且受到了宠信，担任晋州刺史。葛荣失败后，他收编了葛荣的余部，以山东的冀、定、相诸州 (今河北及河南北部) 为自己的据点。同年，尔朱荣被北魏孝庄帝杀死后，尔朱氏族很快反扑，实际控制了朝廷的大权。普泰元年(531年)，高欢起兵声讨尔朱氏，在信都(今河北冀县)拥立元朗为魏帝(后废帝)。永熙元年(532年)，他率兵夺取邺城，将内部不和的尔朱氏联军击败。进入洛阳后，他废黜了尔朱氏所立的皇帝和他自己所立的皇帝，另立孝武帝元脩。高欢自任大丞相、太师、世袭定州刺史，随后平定了并州，在晋阳建立大丞相府。也就是说，对于东魏的建立，他起到了决定性的作用，也是东魏实际的控制者。

据史书记载，高欢为人深沉，富于机谋。他善于用人，在用人的问题上不问地位高低，唯才是举，加上他治军严明，手下将士都愿意为他效劳并且不惜牺牲生命。孝武帝本想依靠据有关陇的宇文泰来消灭高欢，但是计划破灭，于永熙三年逃亡到长安。之后，高欢在洛阳立孝静帝元善见为帝，是为东魏。535年，宇文泰杀孝武帝，立文帝元宝炬，是为西魏。东魏、西魏的皇帝，实际是高欢、宇文泰分别操纵的傀儡而已。

在高欢统治时期，南朝的梁虽然曾经北伐，但他们的关系仍以谈判为主。高欢本人害怕北方士大夫认为梁朝为正统而投奔江南，所以也不打算扩张疆土。北魏被分为东魏、西魏之后，彼此之间抗争，在这个天平上，柔然的倾向对东西魏有举足轻重的作用。鉴于此，高欢娶柔然公主(又称蠕蠕公主)为妻，表示对柔然结交求和。孝静帝即位后，高欢决定迁都到邺这个地方。他一生中多次与西魏作战，双方各有胜负。武定四年(546年)，高欢举众兵攻打西魏，围攻玉壁(今山西稷山西南)五十余日，将士战死、病死达七万人之多，后来被迫退军。回来后不久，高欢就发病身亡。

齐文宣帝高洋小传

北齐文宣帝高洋(529—559年，在位550—559年)，字子进，南北朝时期北齐开国皇帝，在位十年。他是东魏的权臣、北齐神武皇帝(追谥，实际尚未即位)高欢的次子、北齐文襄皇帝(也是追谥，实际尚未即位)高澄的同母兄弟，汉族人。

据史书记载，高洋小时候其貌不扬，沉默寡言，但实际上是大智若愚，聪慧过人，虽然经常被他的兄弟们嘲笑或玩弄，但是他的才能还是得到了父亲高欢的赏识。高欢死后，长子高澄独担魏朝大任，在将篡未篡朝政的时候，被家奴刺杀。之后，高洋便牢牢地掌握了大权。东魏孝静帝元善见封他为丞相、齐王。高洋虽然其貌不扬，但是却不甘当傀儡皇帝的大臣，到550年的时候，废掉了元善见，自立为帝，改元天保，建都邺，这也宣告了北齐的建立，当时他年仅二十岁。

他在位初年，非常关心政务，改革并削减了州郡，整顿吏治，训练军队，加强兵防，使北齐在很短的时间内强盛起来。高洋见时机成熟，便出兵进攻柔然、契丹、高丽等国，都大获全胜。与此同时，北齐的农业、盐铁业、瓷器制造业都相当发达，是同陈、西魏相比最富庶的。他可谓中国历史上少见的年轻有为之君主。可是没过多久，他就被自己的成就冲昏了头脑，开始“腐败”起来，整日不理朝政，沉湎于酒色之中。他在都城邺(今河南安阳)修筑三台宫殿，十分豪华，动用了十万民夫，简直是奢侈至极。他在位后期，对人民的压迫更重。虽然说他是汉人，但是却大肆屠杀汉族人民，维护鲜卑贵族的利益，因此北齐便成了一个黑暗无比的“人间地狱”。由于朝政的腐败，国势的衰落，使军队的战斗力也日益削弱。腐化的生活缩短了高洋的寿命。北齐天保十年(559年)，高洋死，时年仅三十一岁，他的谥号为文宣皇帝，庙号为显祖。

高洋死后，北齐统治阶级内部愈来愈混乱，传至后主高纬，竟为宇文泰子孙所灭。

第三章

西魏、北周：改革中走向强盛

北魏孝武帝西奔长安后，与占据关中的宇文泰逐渐发生矛盾冲突。公元535年，宇文泰毒杀孝武帝，另立元宝炬为帝，是为文帝。西魏一直由宇文泰控制，和东魏之间不断发生战争。公元556年，宇文泰病死，其子宇文觉逼恭帝禅位，建国号为周。于是，北周取代了西魏。北周在建国初期，从领导人的整体素质到社会风气等都与北齐不同，虽然国力在一开始弱于北齐，但领导者锐意进取，经过宇文泰、宇文邕两次改革，北周逐渐强大起来，最终在公元577年灭掉了北齐，并为隋的统一奠定了强大的基础。

一、宇文泰建立西魏与改革

宇文泰依靠镇压农民起义而崛起，后投靠了占据关中的贺拔岳。贺拔岳死后，宇文泰继承了他的势力，成为可以和高欢相抗衡的一方豪杰。孝武帝进入长安后，宇文泰更是有了和高欢对抗的最大的政治资本。后与孝武帝矛盾逐渐升级，便毒杀了孝武帝，另立元宝炬为帝，成为西魏的开创者和实际统治者。在他统治西魏期间，为了和强大的北齐对抗，便锐意改革。西魏渐渐强盛起来。

1.宇文泰的崛起与建立西魏

宇文泰的祖先是东胡族宇文部的酋长，后来加入了鲜卑部落联盟，从此开始被鲜卑化。为了加强控制，宇文一族被迁到了武川镇，从此世代居住在武川。

公元524年，破六韩拔陵领导的北方六镇起义在沃野镇（今内蒙古五原县东北）爆发。不久，起义军大将卫可孤攻下武川镇，可是却被武川镇的中下级军官贺拔岳父子、宇文泰的父亲宇文肱等袭杀。依靠这件功劳投降了北魏政府。这时，北魏王朝已向柔然借兵镇压起义。柔然骑兵攻下六镇后，大肆掠夺和破坏，致使六镇生产遭到严重破坏，粮食也为之耗尽，北魏政府不得已允许饥民迁往河北。宇文泰和他的父、兄也被徙到河北博陵（今河北安平）。公元526年正月，怀朔镇镇兵鲜于修礼率领北镇流民在定州左人城（今河北唐县西）起义，宇文一家也参加了起义队伍。但在前往左人城的路上，被政府的军队击败，宇文肱和他的长子、次子都阵亡了，只有宇文泰与他的兄长宇文洛生幸免于难，加入了鲜于修礼的部队。不久，鲜于修礼死后，宇文泰又加入了葛荣的军队，并被任命为一名将领。等到葛荣失败后，尔朱荣害怕宇文兄弟有异心，就准备诬陷他们谋反，以杀害他们。幸好经过宇文泰的一番慷慨陈述，才打消尔朱荣对他的戒心，救了自己的性命。这时，宇文泰见到了昔日与父亲交情过密的贺拔岳。贺拔岳已成为尔朱荣的部将，他便把宇文泰收编在自己部下。

公元 530 年春天，关中爆发农民起义，宇文泰跟随贺拔岳所部进入关中镇压起义，因镇压起义军有功被任命为征西将军、金紫光禄大夫。在镇压关陇起义的过程中，宇文泰为了扩大自己的影响，对百姓施以恩惠，因此赢得了不少人的好感。同年 9 月，孝庄帝诛杀尔朱荣，但国家大权仍操纵在握有重兵的尔朱氏家族手中。公元 532 年，尔朱天光领军东返洛阳。不久，尔朱氏家族大败，尔朱天光也被杀。在这件事情之前，也就是尔朱天光东返洛阳前，他留弟弟尔朱显寿镇守长安，贺拔岳采纳宇文泰的计策，袭取长安。宇文泰带领骑兵为先锋，日夜兼程，等到尔朱显寿得到消息时已经来不及调兵抵抗，于是弃城东走，在到达华阴（今陕西大荔）时被宇文泰追上擒获。等到尔朱天光死后，关中只剩下了贺拔岳与侯莫陈悦两个军事集团。同年，魏帝任命贺拔岳为关西大行台，贺拔岳则让宇文泰帮他处理政事，不管大事小事，都向他请教。

在消灭尔朱荣家族势力中，高欢起了决定性的作用，也因此而势力大增，掌握着中央朝政大权。孝武帝不愿意做一个傀儡皇帝，于是秘密与贺拔岳联系，意图凭借贺拔岳在关中的实力来牵制高欢。宇文泰也对贺拔岳说："高欢绝不是一个甘于为臣下的人，他之所以还没有篡位，是因为忌惮您的势力。至于侯莫陈悦这人，只不过是个庸人，成不了大事，只是碰上了一个好机会，才有了现在的地位。他既没有忧国之心，所以也就不会为高欢所排挤，只要我们早点作好准备，消灭这两人一点都不困难。”贺拔岳听了非常佩服，于是派宇文泰到洛阳去见孝武帝，秘密陈述计划。孝武帝听后非常高兴，加封宇文泰为武卫将军。

公元533年8月，孝武帝任命贺拔岳为都督雍、华等二十州诸军事、雍州刺史。贺拔岳领军平定西北，除灵州刺史曹泥依附于高欢外，其他人都臣服于他，并派遣宇文泰镇守边塞要地夏州。宇文泰到任后，安抚百姓，与少数民族关系和睦，很快控制了夏州局势。

公元534年正月，贺拔岳准备讨伐曹泥，派人与宇文泰商议此事。宇文泰却不同意，他认为：曹泥虽然依附高欢，但势力弱小不足为忧，况且灵州只是孤城一座，值得担心的反而是侯莫陈悦，这人贪婪且没有信义，迟早是个大患，因此应该尽早消灭他。贺拔岳没有听从宇文泰的意见，坚持己见，并与侯莫陈悦商量共同出兵讨伐曹泥。然而侯莫陈悦早已经接受高欢的劝告，于是将贺拔岳诱到军营中，将他杀害。贺拔岳死后，军中群龙无首，每个人心中都很惊慌。在大都督赵贵的建议下，大家推举宇文泰为统帅。宇文泰统领岳军后，一面命令军队作好战斗准备，进讨侯莫陈悦，一面上表孝武帝，表示支持皇室。于是，孝武帝任命宇文泰为大都督，统领贺拔岳所有的军队。

陶骑马武士俑

宇文泰在得到了孝武帝的正式承认后，立即准备进攻侯莫陈悦。原先的原州（治高平，今宁夏固原）刺史史归是贺拔岳的亲信，贺拔岳死后，他竟然投降了敌人，侯莫陈悦派遣王伯和、成次安率领两千人帮助史归镇守原州。因此，宇文泰首先派都督侯莫陈崇率轻骑一千人奔袭原州，生擒了史归、王伯和以及成次安等将领，把他们绑到平凉。公元534年3月，宇文泰命令各地的军队在原州集结，准备进攻侯莫陈悦。4月，大军出木狭关（今宁夏固原西南），正好碰上大雨雪，地上积了两尺厚的雪，宇文泰了解侯莫陈悦胆小而且性格喜欢猜疑，于是拣小路日夜兼行，出其不意地直扑侯莫陈悦的大本营水洛城（今甘肃庄浪东南）。侯莫陈悦忽然听到宇文泰的大军来到，只留下一万人防守水洛城，自己撤退到略阳（今甘肃秦安东北陇城镇）。宇文泰大军到达水洛城，守军便投降了。他立即率领几百轻骑又杀向略阳，侯莫陈悦不得已又退守到上邽（今甘肃天水）。这时，南秦州刺史李弼也在侯莫陈悦的军中，他看到陈悦的败势已定，就暗中派人投降了宇文泰。当天晚上，侯莫陈悦觉察到了李弼的意图，慌忙弃城逃跑，军队十分惊慌，于是便纷纷投降。宇文泰下令大军出击，大破侯莫陈悦所部，侯莫陈悦仅带着几十个人逃到灵州。宇文泰急忙命镇守原州的宇文导继续堵击，又让都督贺拔颖率领一支军队尾随追击，一直追到屯山（今宁夏固原西）。侯莫陈悦见无法逃脱，便自杀于荒野。第二年，曹泥也投降了，灵州于是平定。宇文泰将这里的豪强迁徙于咸阳（今陕西咸阳东北），以加强控制。

宇文泰平定秦、陇两地后，实力大大增强，孝武帝便封宇文泰为侍中、骠骑大将军、开府仪同三司、关西大都督、略阳县公，承制封拜，成了仅次于高欢的强力派人物。

公元534年5月，孝武帝想起兵讨伐高欢，不料事情泄露，高欢于是加强了戒备。中军将军王思政对孝武帝说："高欢的篡逆之心已经很明显了，洛阳不是一个很好的战略城市，一旦遭到进攻，很难守得住，而宇文泰则忠于陛下，不如前往关中，凭借着宇文泰的力量与高欢相抗衡。"孝武帝想了想，觉得很有道理。而宇文泰也想效法曹操挟天子以令诸侯，又得知孝武帝也有意来关中，于是派军队到洛阳去迎接孝武帝。当年 7 月，孝武帝从洛阳率轻骑入关，迁都长安，并加授宇文泰为大将军、雍州刺史，兼尚书令，所有军国大事都由宇文泰决定。不久，高欢又另立元善见为帝，并迁都于邺（今河北临漳西南邺镇）。北魏就这样分裂为东魏、西魏。

2.宇文泰在西魏初年的改革

西魏建国之后，形势不容乐观。当时，天下三分，东方有高欢大军压境，南方则有萧梁不时挑衅。尤其是高欢，视西魏为自己的劲敌，一直想把它扼杀在襁褓中。而在开始，东魏、西魏的力量对比是十分悬殊的：东魏国土面积广阔，而且占据了黄河流域，经济比较发达，人口有两千多万，兵强马壮，高欢光能调动的军队就有二十万；西魏国土狭小，土地贫瘠，人口还不到一千万，宇文泰所直接掌握的军队只有三万多人。同时，西魏在立国之初，关中就遭受大的饥荒，人心浮动。宇文泰也看到了这种严峻的形势，公元 535 年 3 月，他下令臣下总结以往的施政经验教训，制定出最后所颁行的二十四条新制，同时提拔了很有才能的苏绰为大行台左丞，参与国家机密，制定施政纲领，准备革新政治。

创立府兵制

宇文泰首先进行的是改革军制，即建立府兵制度。在西魏立国初期，高欢凭借自己兵强马壮，年年进攻西魏，虽然没有取得什么大的成绩，但宇文泰深知，如果一直这样下去，实力处于劣势的西魏必然难以支撑太久。而当务之急，是要想办法增强战斗力，并且保证兵源，扩充军队。不久，宇文泰在潼关整顿军队，并且重新宣布军法军规，最重要的是不得贪财轻敌，不得对百姓作威作福，与敌人作战勇敢者给予重赏，临阵脱逃者都处以重刑。通过这次整顿，西魏军队的战斗力有了很大的提高。此后不久，高欢率领二十万大军入侵，而西魏人数虽少，但战斗力已不同往日，以少胜多，在沙苑（今陕西华阴县境内）大败高欢，俘虏了敌军八万多人。

随着军队作战素质的提高，宇文泰又进一步扩充军队数量，以壮大军事力量。沙苑之役后，宇文泰收编了大量降军，军队数量渐渐增多，到了公元542年，正式建立六军，总兵力约十万人。

公元543年2月，高欢再次率军十万渡过黄河，宇文泰亲自领军抗击，两军大战于邙山。宇文泰被击败，士卒损失了六万多人，经过多年辛苦建立起来的主力部队损失了大半。而当时在关陇地区的鲜卑族人数是有限的，不可能再大量补充军队，因此在邙山之战后，宇文泰开始从汉族人中吸收兵员，宣布要征募关陇地区豪强地主的武装力量。在北魏末年的关陇起义中，豪强地主为了维护自己的利益，组织乡兵以抵抗起义军的进攻。虽然东魏、西魏分立，但这些地主武装并没有被解散，仍然控制在豪强手中。宇文泰通过收编豪强武装以充实军旅这一措施，不仅把那些分散的乡兵武装变成了中央军队的一部分，也加强了中央对军队的控制，而且削弱了魏末以来的地方势力，促进了代北军人集团与关陇地主的联合。此后，到大统十六年（550年），又进一步把征兵对象扩大为所有的均田农户，这样，西魏军队中汉族士兵的比重进一步增加，促进了民族间的融合。

同时，宇文泰又对军队的管理系统进行了改革，在形式上采用了鲜卑古老的八部落之制，立八柱国。除了宇文泰自己在大统三年（537年）由西魏文帝任命为柱国大将军、都督中外诸军事，为西魏军队的最高统帅外，又在大统十四年（548年）任命西魏宗室广陵王元欣为柱国大将军，但是仅挂虚名，而没有任何实权。另外任命赵贵、李虎、李弼、于谨、独孤信、侯莫陈崇六人为柱国大将军，实际上是统率六军。每个柱国大将军下辖两个大将军，共十二大将军。每个大将军下设有两个开府，共二十四开府。每个开府下有两个仪同，共四十八仪同。一个仪同领兵约千人，一个开府领兵两千，一个大将军领兵四千，一个柱国大将军领兵八千，六柱国合计有兵四万八千人左右。这支军队就是历史上有名的府兵。

六条诏书与革新政治

大统七年（541年）九月，宇文泰颁行了由苏绰起草的六条诏书，核心内容为“先治心，敦教化，尽地利，擢贤良，恤狱讼，均赋役”。十一月，又颁发了十二条新制，和大统元年（535年）三月颁布的二十四条新制合在一起，共有三十六条。六条诏书和这些新制所涉及的内容十分广泛，包括了政治、经济、思想、文化各个方面，宇文泰依据这些对西魏各个方面进行了全面的改革。

在政治上，宇文泰奉行“以道德教化为主，法治为辅”的统治原则，下令要求各级官员用儒家学说治理国家，教化百姓。同时向人民灌输孝悌、仁顺、礼义等儒家理念，想用这些儒家伦理纲常观念来束缚人们的思想，稳定统治秩序。

在使用人才上，宇文泰一向是唯贤是举，而不限资历和家庭出身，只要是德才兼备，即使出身微贱，也可授予高位。宇文泰的选才思想体现了要求打破传统的门阀士族的新精神，保证了西魏政治较为清明，同时也为大批汉族士人进入西魏政权开辟了道路。宇文泰还比较注意听取臣下的不同意见，敢于纳谏。早在大统五年（539年），他就下令放置纸笔在京城的阳武门外，让人们把自己对朝廷的意见写下来。正因为宇文泰能唯贤是举，用而不疑，因此西魏政府能够上下协力，内部团结，保证了各项政策措施顺利实行。

在法律上，宇文泰主张一方面既不能苛刻也不能暴虐，要做到法律面前人人平等。如宇文泰的内兄王世超，在任秦州刺史时，贪污腐败、横征暴敛，结果被宇文泰赐死；官至大将军的郑伟不遵守法度，结果被免职。另一方面，宇文泰又要求地方官吏在断案时要慎罚，尽量减少冤假错案。大统十三年（552年），宇文泰下令废除流传了两千余年的宫刑。

在经济上，宇文泰积极劝课农桑，奖励耕织，并相应地制定和采取了一些措施。首先就是将被破坏了的均田制恢复起来，使那些由于土地兼并、战乱、天灾而丧失土地，流落他乡的农民和土地重新结合起来，从而为农业的正常生产提供了条件。西魏在均田制的授田、租调和北魏虽有差异，但变化不大，但在役制上却变动较多，对服役的年龄、时间和人数都作了重新的规定。服役年龄从北魏时的十五岁改为十八岁；服役时间则根据农业收成而定，丰年不超过一个月，中年不超过二旬，下年不超过十天，使农民所服役期大为缩短；人数上则规定每户农家服役者限于一人，避免过多地动用劳动力，以妨碍农业的正常生产。同时，宇文泰还颁行了户籍制度和计账制度，即预定次年徭役概数的计账方法，以求赋役的征发较为合理，还对绢的长度作了统一规定，以四十尺为一匹。

宇文泰除了制定和颁行上述经济政策外，还明确规定了地方官吏在发展生产方面的职责。在每一年的开始，州县长官必须督促百姓，无论年龄大小，只要能手持农器的人，都必须去耕种农田，务必不能耽误农时。而对那些游手好闲、性情懒惰、好逸恶劳的人，都要给予处罚。由于宇文泰衡量地方官吏政绩的标准之一就是劝课农桑，因此地方官员大都重视农业生产，从而使西魏经济逐渐有了发展，到宇文泰去世之前，人民生活都比较稳定，粮食比较充足。

在思想文化方面，宇文泰尊崇儒术，以儒家学说作为统治的思想武器，消除了鲜卑族的一些落后习俗并且摒弃了当时思想领域中很流行的玄谈和崇佛论道之类的腐朽风气。宇文泰下令在京师长安设立国子学，拜当时的儒学大师卢诞为国子祭酒，以培养大批儒家学徒作为政权的支柱。他还仿照先秦典籍《尚书》中的《大诰》一文的格式，制定了一篇《大诰》，作为文章的样式，并于大统十一年（545年）宣示群臣，下令从今天以后文章必须依据这种体裁，想以此来矫正当前浮华的文风。

经过宇文泰的努力，西魏国力开始增强，政治清明、经济繁荣稳定、人民能够安居乐业，再加上统治阶层也比较有作为，所以逐渐扭转了过去的劣势，和东魏势均力敌了。尤其是经过玉壁之战后，高欢忧愤而死，东魏的政局开始混乱，后继者所实行的政策更是出现一连串的失误，东魏的国力逐渐衰弱了下去。

二、北周武帝的改革

西魏一直由宇文氏家族控制。宇文泰去世后，权臣宇文护觉得没必要再尊重这个所谓的皇帝了，于是逼魏恭帝让位于宇文泰之子宇文觉，建国号为周，是为北周。北周建立后，朝政大权一直由宇文护控制。周武帝即位后，开始一直隐忍不发，暗中积蓄力量，最后诛杀权臣宇文护，政由己出，进一步实行改革，使北周国力更加强大，最终灭掉了北齐，统一了北方。

1.北周的建立和初期政局

公元556年，宇文泰病重去世，因为儿子们岁数都还比较小，于是遗命宇文护掌管国家朝政大权，辅佐幼子宇文觉。在大将于谨的支持下，宇文护统理军政大事，被封为大司马、晋国公。他见宇文泰的儿子宇文觉幼小，想趁着宇文泰的权势和影响还存在的时候早日夺取政权，于是于公元557年迫使西魏恭帝（名拓跋廓）禅位于宇文觉。不久，他便杀害了恭帝。

宇文护本是宇文泰的侄子，是西魏、北周历史上一位重要人物，是宇文氏政权由西魏过渡到北周的一个非常重要的环节。宇文护又名萨保，是宇文泰的长兄宇文颢的小儿子。公元524年，宇文颢在与六镇起义军作战中被杀，十二岁的宇文护便跟随叔叔参加了葛荣的军队，葛荣失败后，又转到晋阳(今山西太原西南)。从此，他跟随宇文泰东征西讨，四处征战，在与东魏的交战中屡建战功，又和大将于谨南征梁朝攻下了江陵。西魏恭帝三年(556年)，宇文泰病死，因诸子幼小，遗命宇文护掌管国家大政。

随着宇文觉渐渐长大，逐渐不满宇文护的专权。而朝中大臣赵贵、独孤信对宇文护也是相当不服。于是，他们一起鼓动宇文觉除掉宇文护。宇文觉就招募了一批武士，经常在皇宫中演习如何擒拿宇文护。他们最后商定，在一次宫廷宴会时把宇文护诱进皇宫杀掉。不幸事情泄露，有人向宇文护告密，宇文护于是先发制人。公元559年，宇文护发动政变，杀害赵贵（满门抄斩），罢免了独孤信的官（后来也被赐死），宇文觉被废黜(后被毒死)。这件事后，宇文护自封为丞相，并拥立宇文泰的另一个儿子宇文毓，是为周明帝。在宇文护眼里，宇文毓一向表现得温文儒雅，没有一点想拥有权力的欲望，想他应该没有什么危险，于是就立他为帝。可出乎宇文护的所料，宇文毓并不如他想象得那般懦弱无能，他在处理政务中逐渐显露出自己的聪明和才干。因此，在他周围也逐渐集聚了一批老臣元勋。宇文毓致力于发展经济，因此在百姓中威望也日渐增长。宇文护觉得很不安宁，于是想试探一下，他便假惺惺地做了一次“归政于帝”的举动，上表说要把除了军权以外的所有权力都

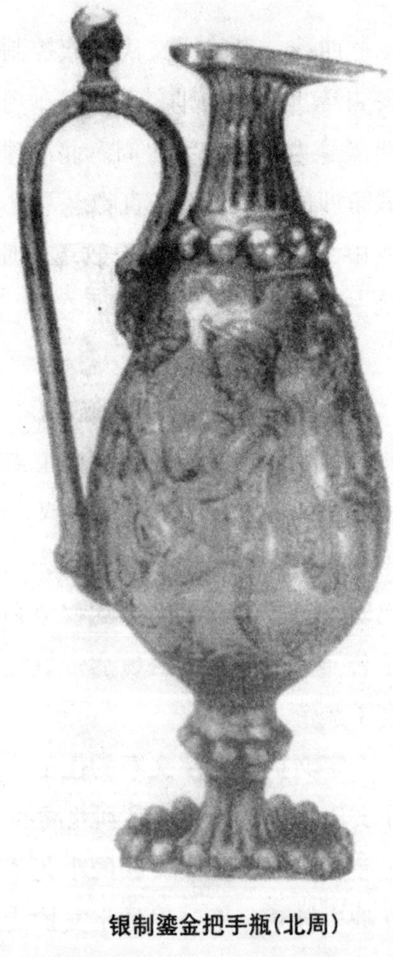

银制鎏金把手瓶(北周)

交还给皇帝。又出乎他的意料，宇文毓毫不客气地应准了他的请求，同时把自己的名号正式改为皇帝（在此之前，北周的最高统治者不称皇帝而叫天王）。经过这次事件后，宇文护更加不安，于是在公元560年指使一个御厨在明帝的食物里下毒，毒杀了明帝。

之后，宇文护又立宇文泰的第四子宇文邕为帝，是为周武帝，但实际大权仍由他掌握。

周武帝深知宇文护势力的强大和稳固，所以在即位的刚开始，他不敢暴露自己对宇文护的不满。其间，有一件事情表现了他的谨慎和精明。有一次，跟武帝比较亲近的一个叫陈崇的大臣说武帝很忌惮宇文护的势力。没多久有人就把陈崇的话传了出去。周武帝听说后，马上召集大臣们，当着众人的面痛骂陈崇。而就在这天夜里，宇文护派人冲进陈崇的住所，迫使他自杀。周武帝之所以这样做，就是想表明自己对宇文护绝无二心。不久，周武帝又用韬晦之计表彰宇文护，说他是北周的国家支柱，是个大功臣。宇文护的母亲被北齐俘虏后，母子分离了三十五年，后来北齐将她放回，周武帝对她竭力奉承，以皇太后的礼仪来对待她，把皇宫中最好的吃的和用的都供给她，以此来博得宇文护的欢心。

正是由于周武帝在表面上的尊重和委曲求全，宇文护在表面上也没有像对宇文觉、宇文毓那样对待他。然而在暗中，宇文护还是觉得不放心，时时要挟周武帝，专横跋扈，更随着武帝一天天长大，怕他亲政，总想取而代之。公元572年，周武帝决心铲除宇文护。一天，宇文护从同州返回长安，周武帝让他与自己一同来见太后。周武帝一边走，一边对宇文护说："太后年事已高，但还是喜欢饮酒。我虽然屡次进谏，但太后都没有采纳。现在既然您回来了，请您劝一劝她吧。"说完，便从怀中掏出一篇《酒诰》交给宇文护，让他用此文章来劝说太后。宇文护进入太后的居所，果然听从了周武帝的话，对太后读起了《酒诰》。正在他读的时候，周武帝一把举起身旁的玉珽猛地击在他的脑袋上。宇文护马上跌倒在地，周武帝忙下令宦官何泉用刀杀死宇文护。何泉也是心慌手颤，连砍了几刀都没有击中要害。这时，躲在一旁的周武帝母亲的弟弟卫公赶忙跑了出来，帮忙杀死了宇文护。诛杀宇文护是北周武帝一生中最重要的大事，它使周武帝避免了走傀儡皇帝的老路，也把北周从内乱倾轧中解救了出来，使其没有因此而衰弱下去。

宇文护被诛杀后，北周的大权终于真正掌握在周武帝的手中。周武帝也因为除去了心头之患，开始进行了一系列的改革措施，他在父亲宇文泰所建立的基业上，终于使原来弱于北齐的北周转弱为强。

2.北周武帝改革

公元572年，周武帝杀宇文护，夺回政权。他在父亲宇文泰励精图治的基础上，进一步实行了多方面的改革。他亲政后，首先实行的是释放奴婢。西魏、北周仍然保留着浓厚的奴隶制残余。宇文泰在灭掉南朝的萧绎时，曾将江陵男女数万人没为奴婢。周武帝则于公元572年下诏，“江陵所俘虏的在官方充当奴婢的人，都获得平民的资格”。公元577年灭齐后，又下诏说：“从572年以来，河南各州的百姓因为被齐掠夺破产而为奴婢的人，不管是官方还是民间，全都放还回家，免掉奴籍。原来住在淮南的，可自由回去，政府不过问；愿意住在淮北的，可随便迁往各处定居。”同年不久又下诏，进一步扩大释放的范围，又无条件地释放了大批奴隶。通过这两个诏书，北齐自公元572年以来抄略的奴隶、北周自公元534年把攻下江陵的自由民没作的奴隶和北周在公元576年10月以前抄略北齐民没为奴隶的，全部都放免了。只有公元576年10月和齐作战而新被俘掠的奴隶未被放免。周武帝这一举动，从当时的时代背景来说是很不容易的，对于一个少数民族的皇帝来说更是不容易。以战俘为奴是鲜卑族长期以来沿袭的旧例，而周武帝敢于打破旧例把奴隶解放出来，是对古老落后的旧习俗的改变。这一改变，把公私奴隶解放为平民，国家获得了大量的编户农民，不仅为农业增加了大量的劳动力，促进了生产力的发展，而且也加强了北周的中央集权，削弱了豪强地主的私人势力。更重要的是，加速了鲜卑族奴隶制残余向封建化的转变。在这一点上，北周走得要比北齐远得多，当北周加快汉化进程的时候，北齐却走向了历史的相反方向，而且越走越远。

在周武帝统治时期，还对士族和豪族进行严厉的打击，以削弱他们的势力。从魏晋以来，士族大家就占有大量的土地和人口，南北朝中想有所作为的君主都想解决这个问题，但这个问题也是使他们最伤脑筋的一个问题。由于统治者和士族大家们在争夺土地和劳动力上有矛盾，所以历代统治者也不断地在打击这些士族大家，但往往打击的程度是很有限的，总是畏首畏尾，顾虑颇多。周武帝雄才大略，亲政以后就着手解决这个问题。他下诏命令：“地方豪强凡是隐藏五户农户和十口人以上者，以及隐藏土地三顷以上者，都处以死罪。”这一法令是很严厉的，可以说是从北魏孝文帝创立三长制以来，对大地主荫护土地和人口最严厉的一次法令。

周武帝在政治上主张中央集权制。他深刻地认识到，东汉末年以来形成的封建依附关系和人口的分割极大地削弱了王权，这是造成社会长期混乱不治的最大原因。他主张积极强化君权，而君权的强大对于全国统一局面的出现是一个重要的先决条件。所以，他的改革就是围绕中央集权进行的，他的每项改革措施的实行，都是为了把权力集中到自己手里。在政治上的改革很有成效，周武帝不断地削弱地方割据的基础，保证了中央有足够的权威性和震慑性，保障了中央各项政策和法令能够顺利贯彻到基层民众，使政治稳定，社会安定，促进了北周经济的发展。

在军事方面，周武帝在父亲宇文泰改革府兵制的基础上，实行了加强军队和君主关系的措施，把军权牢牢控制在自己手中。他让军队中的亲信充任自己的皇宫侍官，用以加强军队和皇帝的亲近关系，而改变了过去府兵专属于某一军队统帅的传统做法，使军队直接统属于君主。这样一来，皇帝成为府兵的最高实际统帅，并把军队分给自己的亲信之人分别统领，因而对全国军事力量的掌握比以往更为紧密。

3.北周武帝灭佛

南北朝时，佛教在我国开始兴旺起来。不管南朝还是北朝，佛教势力逐渐强大起来，到处都建有寺庙。在南北朝，有一个很独特的现象就是寺院经济很发达，从这可以看出佛教在南北朝发展的兴盛。于是，在梁武帝掌握朝政时，有人就上书警告梁武帝说，天下户口被寺庙几乎占去了一半。北朝时期佛教的影响更大，北魏末年有寺庙三万多所，僧尼就达二百万以上。北齐佛风更是流行，境内有寺庙四万多所，僧众二百万。僧侣不仅干涉政治而且干涉经济，寺院经济日益发展，僧侣地主和世俗地主激烈地争夺土地和人口，大量的劳动力投入佛门，国家因此而失去兵源和精壮的劳动力。因此，当时有人提出佛教对社会的冲击不亚于洪水猛兽。一些个别统治者虽说也感受到了佛教对国家政治、经济、军事的不良影响和冲击，但他们却不愿意对佛教采取任何反对措施，而是看中了佛教能够欺骗和麻痹广大贫苦百姓的反抗意识这一巨大作用。所以宋文帝曾经说过，如果天下的百姓都信了佛教，则天下太平，我们也没有那么多事了。正因如此，南北朝的统治者对于佛教大都是采取政治上保护、经济上支持的政策。比如梁武帝把佛教定为国教，几次舍身到同泰寺去当和尚。因此，灭佛在当时是需要勇气和毅力的。在北周武帝之前，魏太武帝也曾灭佛，但他主要是采取暴力手段，而北周武帝灭佛主要是采取和平的手段，所以效果更好些。

公元567年，有一个叫卫元嵩的人给周武帝上书，认为现在佛教不教人向善却终日苦役百姓黎民，已经失去了佛教本来的面貌，也已经失去了存在的意义。因此，他建议周武帝灭佛。卫元嵩本来是四川的一个和尚，但为了哗众取宠，他听从自己老师的建议，故意装疯卖傻。不久，他到了长安，一方面与当朝权贵结交，一方面故弄玄虚，让人们认为他是一个与众不同的奇人。他对周武帝鼓吹灭佛，也是出于这一目的。但是卫元嵩的建议却正符合了急于求治的周武帝的心思，出于政治、经济、军事各方面的考虑，周武帝决定灭佛。不久，周武帝先后召集百官、道士、僧侣聚集一起，讨论是否应该灭佛。尽管周武帝灭佛的意图已经很明显，但多次讨论后，一直没有结果。因为当时佛教已深入人心，扭转世风不是一件容易的事。更重要的是，当时朝廷中掌握实权的是宇文护，宇文护是一位虔诚的佛教徒，灭佛之事最大的阻力便来自于他。因此，当时灭佛的条件远远没有成熟。

建德初年（572年），周武帝诛杀宇文护后，把朝政大权收归已有。第二年十二月，他就再次召集道士、僧侣、百官商讨佛、道、儒三教的问题。这一次，武帝大权在握，声明国家是以儒为先，道教为次，佛教为最后。把佛教放在最后一位，事实上已是灭佛的前奏。有些佛教徒不明白周武帝的用意所在，还一个劲儿地争辩不休，想把佛教放在道教之上，心里很不服气。而另外一些明眼人却看透了周武帝的心思，支持武帝的做法。僧侣的讥讽、反抗都无济于事，反而更增加了周武帝灭佛的决心。建德三年（574年）五月十五日，周武帝下诏灭佛，下令销毁佛像，拆毁寺庙，烧毁佛经，已经出家的全部回家务农等措施。一时间，北周境内佛教势力遭到重大打击，社会风气为之一变，更为国家解放出来大量的劳动力，保证了农业生产的正常发展。等到建德六年（577年），北周

释迦立像龛

灭北齐后，武帝又把灭佛扩大到齐的境内，整个北方随即展开了轰轰烈烈的灭佛运动，沉重打击了北方寺庙的势力。

周武帝灭佛一事被后来佛教徒视为佛教的浩劫，被竭力地攻击。但从当时的历史背景来看，周武帝的灭佛运动对社会发展所起的作用是利大于弊的。灭佛运动的成功，使北周的国力大大增强，为灭齐奠定了坚实的基础。周武帝不顾世俗偏见，义无反顾的改革精神，是值得我们敬仰和学习的。

4.北周灭北齐和北方的重新统一

周武帝一生中的第三件大事，就是消灭了北齐，统一了北方。从北魏分裂以来，北周和北齐就一直处于战争状态，双方互有胜负，力量大体上是均衡的。但是自从北周武帝掌握朝政大权以后，情况却发生了很大的变化：一是经过灭佛，国家经济实力有了很大的增长。二是吸收广大的汉族农民充当府兵，扩大了府兵队伍，军事优势开始形成。三是对北方的突厥民族实行和亲政策，减少了草原民族的南下侵扰；对南则和陈朝通好，外交策略上的成功使北周能够集中力量专门对付北齐。而北齐却正处于它最黑暗的时期，政治腐败无能，官员唯利是图，朝廷上勾心斗角，只知道陷害忠良，军队战斗力也大大削弱等等。北齐的国力已经很衰弱，大大落后于北周。

这时的北齐皇帝是后主高纬，他是历史上有名的昏君。后主从小不爱说话，胆子又特别小，因此在他当皇帝后，很不愿意接见大臣。大臣们向他奏事时，都不敢抬头看他，往往是把要讲的事大概叙述一下，略略一说就慌忙退出去了。高纬对处理政事全无兴致，但对日常生活却要求很高，所用物品十分奢侈豪华，又大兴土木，广建宫殿楼阁。高纬还整日里和一些宠臣、美姬鬼混，自弹琵琶，唱无愁之曲。当时齐朝的百姓就给他送了个外号，称他为“无愁天子”。高纬还随意封官，连他宠爱的狗、马、鹰、鸡都被封为仪同、郡官、开府。因此，北齐的政治一团黑暗，百姓生活在水深火热之中。

北周武帝正是看清了北齐混乱的局势，认为这是灭齐最好的时机，才决定出兵伐齐。公元575年7月，周武帝命宇文纯、司马消难、达奚震为前三军总管，宇文盛、侯莫陈琼、宇文招为后三军总管，杨坚、薛迥、李穆等率军分道并进。周武帝则亲自率大军六万，直指河阴。周军进入北齐境内，由于纪律严明，对百姓秋毫无犯，对骚扰、抢掠百姓的人都处以死罪，所以很快得到了北齐的民心。因此各支部队进展都比较顺利，但不幸周武帝得了急病，只得暂时退兵。公元576年10月，北周再次出兵伐齐。这次伐齐，周武帝集中了大约十四万五千兵力，制订了严密的作战计划。到10月下旬，周军的主力便到达平阳城下，北齐晋州刺史崔景嵩等投降。平阳是晋阳门户，在军事上具有重要的战略意义。周武帝接受了上次伐齐失败的教训，派大将军梁士彦为晋州刺史，让他率重兵镇守平阳城。

北齐后主高纬则在周军进攻平阳的时候，带领冯淑妃在天池（今山西宁武县西南管涔山上）打猎游玩。晋州告急的文书从早晨到中午用快马传递了三次，右丞相高阿那肱居然隐瞒下来，不去报告高纬，而理由居然是："大家正在玩乐，边境交兵这么点小小的事情，何必要着急奏闻！"一直到晚上，报信的使者来说："平阳已经陷落。"高阿那肱才上奏高纬战事情况，这时旁边的冯淑妃却要求高纬再打会儿猎。高纬竟然置如此紧急的战局而不顾，又和冯淑妃尽兴地打起猎来。唐诗人李商隐在《北齐二首》中写道："巧笑知堪敌万机，倾城最在著戎衣。晋阳已陷休回顾，更请君王猎一回。"就是讽刺这件事情的。

等到11月初，北齐后主才率齐军主力十万到达平阳，命令将平阳城包围，昼夜不停地攻打。城中情况很是危急，城墙都已经损坏，齐周双方经常出现短兵相接，战况十分惨烈。周外援一直没有等到，守城的将士开始惊慌，梁士彦却慷慨自若，对将士们说："如果今天城破的话，我会死在大家的前面。"于是周军士气大振，个个奋勇争先，以一当百。

等到齐军稍微退却，梁士彦立即命令城中军民甚至妇女，昼夜修城，三天就把城墙修补好了。齐军暗中挖地道攻城，终于使城坍陷了一处，齐军正准备乘虚攻入，高纬却在关键时刻突然下令军队暂停攻城。原来，高纬不知怎么听说晋州城西石上有圣人的遗迹，便要和冯淑妃同去观看。于是冯淑妃涂脂抹粉，耽误了很长时间才姗姗而来，这期间，周军把握住这短暂时机赶忙用木板把缺口挡住。高纬又怕城中射出的弩箭伤了冯淑妃，特意抽出攻城的木料，筑造了一座远桥。经过这么一折腾，齐军早已失去了锐气，再也攻不下城了。12月，周武帝从长安赶到平阳，周军其他各路军队也聚集平阳，约有八万兵力。周军背靠着城池设阵，东西长达二十余里。起先，齐军怕周军偷袭，就想出一个办法，在两军阵前挖了条壕沟以阻挡周军的突袭。壕沟最后挖好了，还挺有用的，但是最后在与周作战前，有人提出一条十分可笑的意见，他说道："那边是天子（指周武帝），我方也是天子。他们那边远道而来，我方为何要守堑以示弱呢?"高纬对这条建议很是赞赏，认为言之有理，于是下令把壕沟填满。本来，周武帝一直想进攻齐军，但苦于被壕沟所阻挡，现在见齐军居然主动把沟给填平，不禁大喜，连忙下令进攻齐军。两军一开始交战，实力本来不相上下，可是后来齐军略略往后退了一下，冯淑妃就惊慌失措地大声喊道："齐军败啦！齐军败啦！"北齐大臣穆提婆听到后急忙对高纬说："陛下，赶快走，赶快走呀！"于是，高纬带着冯淑妃慌忙向高梁桥逃去。齐军看皇帝逃跑，顿时军心大乱，四散奔逃，溃不成军，战死的就有一万多人，各种军事物资全都丢在了战场上。平阳之战后，北齐主力实际上已经被消灭。高纬逃回晋阳后，想逃往代北朔州（今山西朔县），进而投奔突厥。他一出晋阳城，城内百姓也纷纷逃离，连他的宠臣穆提婆也见大势已去，转而投降了周武帝。

齐后主高纬逃到邺城后，企图重新招募军队，斛律孝卿请他接见将士，并为他事先准备好了演讲稿，告诉他在讲话时要"慷慨流涕，以激励人心"。当高纬走到将士面前，不知道怎么突然记不起要讲的话，一时憋了半天，最后居然大笑了起来。见高纬笑，左右随从也跟着大笑。军队将士们见此情景，都非常气愤，纷纷说："连皇帝都不着急，我们还急什么！"于是新组建的军队皆无战心，士气更是低落，战斗力很弱，与北周一接触就纷纷溃逃。

当高纬在邺都的时候，还搞了一个禅位的把戏，他将皇帝的位子让给了八岁的儿子高恒，自己居然当起了太上皇。公元577年正月，周武帝率军攻破邺城，高纬事先在城破前逃往了济州，后又从济州逃往青州，在准备投奔陈朝时，被北周的追兵俘获，最后送往长安，第二年就被杀了。

周武帝灭齐，统一北方，具有非常重大的历史意义。它结束了从东魏、西魏分裂以来近半个世纪的分裂割据局面，使人民免受战争的苦难，得以重建家园，恢复生产，从而促进了整个北方政治、经济、文化等各方面的广泛交流和发展，并为隋统一全国奠定了坚实的基础。可以说，没有北周对北方的统一，就没有后来南北朝的统一。

三、隋代北周

在北周灭北齐的第二年，一代雄主周武帝就因病重去世了，儿子宇文赟继位，是为周宣帝。宣帝是个暴虐荒淫的人，经常不理政事，使北周的政局开始出现混乱。幸好他活的时间不长（只活了二十二岁），在位不到两年就去世了。他死后，年仅八岁的幼子宇文阐继位，是为周静帝。朝政大权落入了外戚杨坚手中，杨坚革除了宣帝的暴政，得到了人们的拥护。事隔一年，杨坚见时机成熟，于是代周称帝，建国号为隋，历史从此开始了新的一章。

1.骄奢荒淫的周宣帝

周宣帝宇文赟是武帝宇文邕的长子，是个暴虐荒淫的皇帝。在宇文赟即位之前，父亲武帝对他管教极为严格，经常派人监视他的言行举止，而且只要犯了过错就会受到严厉惩罚。公元578年，周武帝去世，宇文赟继位。继位后没多久他就沉湎于酒色，又大肆装饰宫殿，而且滥施刑罚，暗中派亲信去监视大臣的一言一行，北周国势逐渐有衰落之势。第二年，宣帝就宣布禅位于长子宇文阐，自己则潇洒地当上了太上皇。可惜在禅位的第二年就去世了，年仅二十二岁。就在他去世后的第二年，外戚杨坚就废静帝宇文阐而自立，改国号为隋。北周就这样灭亡了。

周武帝去世时，巨大的棺材摆放在宫中，还没有入殓，宇文赟脸上不仅丝毫没有悲痛的表情，还摸着脚上的杖痕，大声对着武帝的棺材叫骂："老头子，你死得太晚了！"说完，就急不可待地检阅后宫，看见漂亮的女人就强迫她们侍奉自己。他登基后的第一道行政命令就是破格提升在他当太子时就一直为他出谋划策的部下郑译为开府仪同大将军、内史中大夫，并把朝政委任给他处理，自己则每天寻欢作乐，不理政事。而正是这位郑译，两年后宇文赟一死就投靠了杨坚，矫诏宣杨坚入朝辅政，为杨坚篡周立下首功。

宇文赟的政权刚刚稳固，就马上诛杀了他的叔父、功高德茂的齐王宇文宪。在宇文邕当皇帝的初期，因为受制于权臣宇文护，所以整天沉默不语。而当时的宇文宪却和宇文护关系不错，常常率领大军与齐国军队交战，并且打败过北齐的名将斛律明月、高长恭等人，威势渐隆。宇文护所上奏的书表，也多是让宇文宪代奏。宇文宪对自己同父异母的皇帝哥哥是心存敬畏的，经常调解宇文护与皇帝之间微妙的紧张关系。周武帝对此也是十分明白的，因此在诛杀宇文护后，不仅没有杀害宇文宪，还常常让这位能征善战的兄弟带领军队征战四方。在讨伐北齐时，宇文宪率领的军队更是把北齐后主高纬打得一路狂奔，还俘虏了北齐中最能打仗的宗室安德王高延宗、任成王高谐以及广宁王高孝珩等，可以说是北周王朝消灭北齐的头等功臣。同时，宇文宪也是一个深知急流勇退的有智的人，他深知这位当皇帝的兄长是果敢刚毅的人，自己再这样下去，容易招忌。于是在平灭北齐之后，宇文宪就经常有意识地称病不出，不再追随周武帝攻打北方的少数民族，想颐养天年，使自己能够善终。

可惜周武帝一死，刚一即位的宇文赟马上想到了自己这位功高盖世的叔父。于是在某一天晚上，他突然下诏让宗室诸王入见，当大家都齐聚在殿门时，宣帝却单独召见宇文宪。宇文宪不知是计，欣然上前，可是刚一进去殿门就忽然关上了，一群武士上前死死按住这位皇叔。宇文宪忙说自己没有任何罪过，在旁边记录证词的文吏就劝他说："以大王您今天的情势，还用得着说这么多吗？"宇文宪一声慨叹，知道自己在劫难逃了，虽然心里还记挂着老母，可是却一点办法都没有。最后，他被缢死在堂上，时年仅三十五岁，所生的六子，除长子宇文贵先前病死外，其余五子全部被宇文赟杀害。这件事后，整个朝廷内外对无故便杀害功臣都大失所望，同情宇文宪的遭遇。

宇文赟即位后，不知怎么又认为周武帝的《刑书要制》里面的刑罚过于严酷，于是便下旨废除。为了收买人心，他又大赦囚犯，一时间全国各地的盗贼们纷纷从牢里被放了出来，为祸乡里，成了社会治安的一大隐患。人们见到国家量刑过轻，纷纷“以身犯法”，社会从此开始出现一片混乱。南北朝时期由于处于四分五裂、群雄环立的社会背景，正所谓“乱世用重典”，周武帝的刑法应该说是很必要的。可惜宇文赟过于年轻，不懂政事，又不知变通，更加不听大臣们的劝诫，所以在政策出现失误时，不仅不加以总结和改正，反而为了慑服臣下，又颁布新法《刑经圣制》，上演了一出祭天告地行新法的把戏，其中所规定的刑罚比周武帝时更重，臣下百姓有点小过失，马上就会被砍头灭家，使人人自危，百姓对此极其不满。

幸运的是，周宣帝在位不到两年就病死了，杨坚则以宣帝岳父的身份，联络典掌机密的近臣汉族士族地主郑译、刘昉等，假称是受遗诏辅政，拥立宣帝年仅八岁的幼子宇文阐继位。杨坚则自任为大丞相，都督内外诸军事。至此，北周国家的最高权力实际上落入了杨坚手中，北周离灭亡已经不远了。

2.杨坚篡周立隋

杨坚能最后夺取北周的政权，建立隋朝，和杨氏的士族地位有着直接的关系。杨氏家族是从汉朝以来，直到魏晋、南北朝时期当地的名门望族。早在西魏时期，杨坚的父亲杨忠便和独孤信一起投靠了当时的权臣宇文泰。此后，杨忠也因为屡建功勋，帮助宇文觉建立了北周政权，而官爵升至柱国，被封为随国公（“随”字后来改成了“隋”）。

杨坚年少时便不怎么喜欢读书，可是因为家族的关系，他在十四岁的时候就开始做官，到北周建立时已经官升为骠骑大将军。不久，他又被封为大兴郡公。等到公元560年，周武帝即位时，不满二十岁的杨坚更被任命为随州刺史。六年后，当朝的柱国大将军独孤信便看出了杨坚的潜力，觉得他十分有前途，就把刚刚十四岁的女儿嫁给了杨坚，这便是后来隋朝十分有名的独孤皇后。当然，杨坚的地位也引起了他人的嫉妒，有人想借机除掉杨坚，但由于杨氏家族和独孤家族的势力强大，对他起了很好的保护作用，使人不敢轻易加害于他，再加上杨坚的长女又是北周武帝太子的王妃，所以，虽然时有危险，但始终没有对杨坚构成致命的威胁。

天元皇太后玺金印（北周）

公元578年，周武帝病死，宣帝继位。杨坚的长女被封为皇后，杨坚则升任为上柱国、大司马，掌握了朝政实权。由于宣帝骄奢荒淫，在群臣中没有威信，所以杨坚就起了取而代之的想法，开始在暗中积蓄力量。杨坚的这种行动多少也让宣帝有所察觉，但因为没有真凭实据，他也不想无故处罚杨坚，更何况杨坚还是自己的岳父，更是让他难以下定决心来做这件事。杨坚也觉察到了，他为了避免皇帝的猜疑，就想到地方上去任职，一方面可以在地方上积蓄力量，另一方面也为了将来有变时能拥有实力去争夺皇位。于是，他便把这种想法告诉了自己的朋友、内史上大夫郑译。公元580年，机会来了，宣帝决定出兵南伐。郑译向宣帝推荐了杨坚，宣帝本来就对郑译很信任，于是就任命杨坚为扬州总管。但是，还没有等到出征，周宣帝便一病不起，没过多久就死了。这时，杨坚便联合郑译，做了一个假的诏书，以宣帝遗诏的名义宣布：让杨坚总理朝政，辅佐刚八岁的周静帝宇文阐。于是，杨坚便用这个假诏书夺取了北周的军政大权，以及最重要的京城部队的指挥权，等一切都准备就绪后，这才发布了皇帝去世的消息，辅佐小皇帝即位。杨坚做了辅政大臣后，首先就是巩固政权，吸收一批有才干的人，以稳定政局，之后便向威胁他地位的宗室各王展开了攻势。

刚去世的周宣帝的弟弟宇文赞在朝廷中和杨坚的地位不相上下，是杨坚控制政权的一大障碍。于是杨坚便派人对他说："你不必再这样既劳心又劳力地参与政事，以后的皇帝位置肯定是你的，你只管回家等着就行了。"宇文赞本来就心地单纯，也没什么谋略，就相信了。

等中央的妨碍解除掉后，杨坚就开始向其他的宗室亲王下手了。此时，宇文氏家族有五个已经成年而且在地方有些势力的亲王，如果他们联合起兵，杨坚觉得自己还是很难对付的。所以，在他们得知宣帝病逝的消息之前，杨坚便用假诏书将他们召回到长安，然后收了他们的兵权。五个亲王见自己无法与杨坚抗衡，便秘密联系在外的另一位亲王起兵，但不久便被杨坚派兵打败。五王只好等待时机再下手。一次，他们请杨坚去赴宴，哪知竟然是鸿门宴，幸亏身边随从有所察觉，找了个借口拉着他赶快跑了出来。杨坚大怒，以谋反罪杀掉了主谋的两个亲王，其他三个不久也被除掉。宇文氏的宗室势力被消灭掉后，杨坚的称帝之路平坦了许多。半年后，杨坚在又平定了三个地方的军事叛乱后，彻底控制了北周的军政大权，这时，做皇帝仅仅是一个形式上的问题了。

公元 581 年，杨坚代周称帝，建立隋朝。杨坚便是历史上著名的隋文帝。公元 589 年，隋文帝杨坚派兵灭掉了南陈，南北统一。至此，从三国以来中间除了西晋的短暂统一外，中国经过三百多年的分裂又重新进入了统一，历史也开始进入了新的篇章。

点评

北周的历史是一部由弱变强的历史，是一部改革的历史。在当时三国鼎立的初期，北周的国力是最弱小的，东方的北齐占据了经济最发达的黄河流域，南方的梁朝气候土壤肥沃适中，战乱相对来说也是比较小的，可就是当时都不被人看好的北周，不仅灭掉了北齐，而且最后由继承了北周的隋统一了南北。这个过程不得不令人深思。南梁的侯景之乱、北齐的逆历史潮流的鲜卑化政策都把它们带向了身死国灭的下场，而北周经过宇文泰、宇文邕的改革一步步加速了民族融合和政权的封建化过程，广泛吸收了先进的汉族文化，使自己逐渐强盛起来，最终统一了北方，也为隋的统一奠定了坚实的基础。“以史为鉴，可以知兴衰”。即使在今天，居安思危、勇于改革、锐意进取，敢于和落后的旧习俗相抗争的革命精神也是值得我们去学习的。

相关链接

宇文泰小传

宇文泰(507—556年)，鲜卑族，字黑獭，代郡武川(今内蒙古武川西)人，西魏王朝的建立者和实际统治者，是我国历史上杰出的军事家和军事改革家。

在北魏末年的六镇起义中，宇文泰先后参加了鲜于修礼和葛荣的农民起义军。尔朱荣镇压葛荣后，宇文泰投靠了尔朱荣，被划拨到尔朱荣部将贺拔岳的麾下。公元530年，尔朱天光、贺拔岳入关中镇压万俟丑奴起义，宇文泰也随贺拔岳进入关中平定关陇。尔朱氏失败后，高欢任命贺拔岳为关西大行台，宇文泰则成为他最有力的助手。公元534年，投靠了高欢的侯莫陈悦在平凉(今属甘肃平凉西南)杀死贺拔岳，宇文泰则继承统帅军队，击败侯莫陈悦后，向东进发，占据了长安。魏孝武帝因为与高欢有矛盾，于是想入关依靠宇文泰的力量抗衡高欢。孝武帝任命宇文泰为大将军、雍州刺史兼尚书令。第二年，宇文泰杀死孝武帝，立元宝炬为帝(文帝)，改元大统，是为西魏，政权实际掌握在他的手中。

宇文泰在军事上善于谋略和指挥。军队主要依靠来自北镇尤其是武川镇的人，他们以后又成为西魏、北周政治上的支柱。西魏与东魏经常交战，双方互有胜负。公元537年春，东魏进攻潼关，宇文泰率军出潼关左面的小关，乘其不备，偷袭东魏军。东魏军大败，大将窦泰自杀。同年秋，东魏又出动十万人进攻沙苑(今陕西大荔南)，宇文泰更是以不满万人的弱势兵力获得大胜，俘虏了七万人。在西魏建国初期，国力不如东魏，因此在军事上以防守为主，双方边境也大概以黄河为界。

为了集中所有的军事力量与东魏争战，宇文泰与柔然妥协，娶柔然公主为皇后，并废原来的皇后为尼，最后赐死，以取悦于柔然。对于突厥，也派遣使者表示通好。但宇文泰对南朝则采取攻势，先后夺取了益州和荆雍之地，长江中上游尽归西魏，使南朝失去了长江这个具有天然意义的战略防御工具。另外，宇文泰为了增强国力，开始对内进行改革。大统元年，宇文泰采纳苏绰建议，进行改革。他制定了公文格式，以朱色和墨色来区别财政支出与收入，命人制定户籍册和一年需要课役的计账制度。在苏绰的帮助下，宇文泰又制定了地方官员必须遵守的六条诏书，即“清心、敦教化、尽地利、擢贤良、恤狱讼、均赋役”，并且规定不通六条、不能造计账者不许担任地方大小官吏。在军事上，他建立了府兵制，扩大了兵源。这一制度后来一直为隋唐所沿袭。他还曾在行台设立学府，命令所属官员白天办公，夜晚学习。宇文泰还尊崇儒学，从江陵被俘虏来的王褒、宗懔等当世大儒都受到了礼遇，又听从庾季才的话，放免了被俘为奴婢的数千口梁人。他又命卢辩仿照周礼更改官制，甚至要求政府发布的文告也要仿照先秦的文体。宇文泰复古的另一表现是恢复鲜卑旧姓。北魏初年，三十六国、九十九姓的后裔在西魏大都灭绝，宇文泰于是下令恢复元氏为拓跋氏，已改复姓为单姓者一律复旧；而且命令汉族部将功勋高的则袭三十六姓，次一等的袭九十九姓，所统领的士卒也改从主将的胡姓，他们形式上成为一批胡化了的汉人。

公元556年4月，宇文泰北巡，途中身染重病，感觉自己将不久于人世，于是派人急招侄儿宇文护。宇文护赶到时，宇文泰已经病危，于是托孤于宇文护："我的儿子都还年幼，现在国家外患还很严重，因此国家之事就都由你决定，希望你能努力完成我的志向。"不久就去世了，终年五十岁。同年十月，子宇文觉即位，由宇文护辅政。第二年，宇文觉称帝，是为孝闵帝，北周开始。

宇文泰所处的时代正好是由乱到治的历史转折点，而他能够在纷繁复杂的历史条件下观时而变，顺应了历史发展的潮流，大力改革，使西魏逐渐转弱为强，奠定了北周王朝的基础。他统治时期所颁行的兵制、选官之法等更是开隋唐政治制度之渊源，宇文泰可以说是中国历史上继魏孝文帝之后的又一位少数民族杰出君主。

北周武帝宇文邕小传

北周武帝宇文邕(543—578年)，字罗突，代郡武川(今内蒙古武川西)人，是宇文泰的第四子。公元560年，权臣宇文护毒死明帝宇文毓后，又立宇文邕为帝，自己仍掌朝政。

宇文邕从小就得到宇文泰的喜爱，宇文泰常对别人说："能继承我志愿的，是我的这个儿子。"宇文泰死后，大权很快落入宇文护手中，宇文护先后杀害二帝。公元 560 年，宇文邕即位，称武帝。即位初期，宇文邕的地位极为不稳。宇文护掌握朝政实权，宇文邕只有忍耐。一方面为了表明自己对宇文护的信任，面对杀兄之仇装作无所谓的样子，对宇文护不作任何提防，处处按照宇文护的意思去做。有一次，陈崇和宇文邕去原州，他执意要回去，其他人都不明白什么意思。陈崇却自作聪明地对身边众人说，今天不回去怕被宇文护怀疑。武帝听说后，当着朝中大臣的面把他痛骂一顿，当天夜里陈崇就被宇文护逼迫自杀了，可见武帝的韬光养晦。而另一方面他却暗中积蓄力量，等待时机。终于在等待了十三年后，有了机会。公元 572 年，宇文护从同州返回到长安，武帝和他一起去见太后，武帝说太后最近经常喝酒，希望他能读《酒诰》给太后听，劝诫她不要再饮酒。宇文护不知是计，就答应了。当他正在读《酒诰》时，武帝猛击他头部，在宦官何泉和卫公的帮助下，杀死了宇文护，从此掌握了北周的实权。

武帝亲政后，为了增加收入、扩充军队，强制僧侣还俗灭佛。宇文邕首先确立了三教的先后，以儒为先，道次之，佛教最后。接着开始禁佛、道二教，下令和尚、道士还俗，这就是历史上著名的“周武灭佛”，使寺院占有的大量人口开始向国家纳税服役。同时还进行其他方面的改革，释放奴隶、劝课农桑、整顿吏治，进一步改革了府兵制，加强了皇帝对军队的控制，对外则与北方突厥南方的陈通好。这一系列的改革使北周的国力大大增强，最终在公元 577 年灭掉北齐。从此，北周拥有了黄河流域和长江上游，为后来隋的统一奠定了基础。

武帝生活俭朴，诸事都希望能超越古人，亲政后不仅能够勤于政事，而且不喜欢奢侈豪华的生活，例如后宫佳丽仅有十余人，还把宇文护及北齐所修的过于华丽的宫殿全部焚毁。虽然对部下严酷少恩，但能果断明决，耐劳苦，征战时能和将士们同甘共苦，而且往往身先士卒，因此很得将士们的拥戴。

公元 578 年，宇文邕率军分五道北伐突厥，途中病重而死，长子宇文赟继位。不久，宇文赟让位于子宇文阐。三年后(581年)，杨坚逼周帝禅位，篡周，建立隋朝。宇文邕是我国历史上一位少数民族杰出的领袖君主，历史看似要赋予他一个统一天下的机会，却最终没有给他时间。他逝世时，年仅三十五岁。

附录一

南北朝的思想和宗教

一、佛教的发展

佛教产生于印度，东汉初年开始传入中国。魏晋以后，由于社会动乱，阶级矛盾、民族矛盾十分尖锐，现实苦难的生活成为佛教生长的土壤。而在当时的社会条件下，统治阶级也逐渐接受了佛教，企图用它来维持自己的统治，因此佛教开始在中国广泛传播，尤其是在南北朝发展尤为盛。

南朝梁时，把佛教立为国教，佛教的势力发展到了极致。据史载，天下户口，寺庙就几乎占了一半。虽然史载不免夸张，但江南地区僧尼总数仍然有“数十万众”，这在当时是一个很恐怖的数字。北方佛教的兴盛比南方更甚，有一个很重要的原因就是北方当时是由少数民族统治，而佛教也是由境外传入的，更适合于少数民族统治者的心理。在北魏孝文帝时期，北方境内原本只有僧尼七万多，等到北魏末年已经激增到近两百万。而当时北方总人口只有约三千万，僧尼就占了十五分之一；到北齐、北周时，僧尼总数已到三百万，占总人口的十分之一。从中可以看出，佛教在南北朝时期发展是非常迅速的，而且在当时统治者的强力扶持下，最后成了一种畸形的发展，已经严重影响到国家的正常发展与安全。所以，在南北朝也出现了两次历史上很有名的灭佛运动。一次是北魏太武帝，另一次是北周武帝。北魏太武帝发动了中国历史上第一次灭佛运动，起因虽然有佛道斗争的因素在里面，但更重要的是太武帝发现佛教已经危及到政权的统治，于是就发动灭佛。这次虽然时间不长，但也取得了一定的成效，众多佛寺被毁掉了。但太武帝死后，佛教又开始兴盛，而且更胜往日。到北周时，周武帝为了获得更多的劳动力和土地，扩大赋役征收范围，充实兵源，也掀起了规模宏大的灭佛运动，而且在灭北齐后，把灭佛推广到整个北方，沉重打击了佛教在北方的发展，使佛教在北方为之一衰。

二、范缜和《神灭论》

范缜（约450—约510年），字子真，祖籍顺阳（今河南淅川境内），是南北朝时期著名的唯物主义思想家，杰出的无神论者。

范缜生活的时代，是南朝佛教兴盛的时代，灵魂不死、轮回报应的宗教迷信思想弥漫于整个朝野，笼罩着社会的各个角落。唐朝诗人杜牧在《江南春》一诗中生动地勾画出当时佞佛的景象："南朝四百八十寺，多少楼台烟雨中。"百姓们深受佛教的毒害，大量的人力、物力耗费在修建寺庙上。统治阶级中一些上层人物不仅把佛教当做麻醉人民的精神鸦片，而且自己也沉溺于对佛教的笃信中，以求得自己死后上所谓的"天堂"。当时所谓的名士中，几乎都是佛门信徒。他们认为人的灵魂不灭，灵魂不因人的死亡而消失，而是转移到其他人的肉体中；又笃信因果报应，认为前世、今世所行的善或恶是来世是否富贵或贫贱的依据。唯有范缜对这套荒谬的说法嗤之以鼻，他认为世上没有所谓的佛，这些在当时被认为是荒谬的思想引起了社会的震动。结果，在齐永明七年（489年），以竟陵王萧子良为首的佛门信徒与范缜展开了一场大论战。

萧子良问范缜："你不信因果报应说，那么为什么会有富贵贫贱？"范缜说："人生如同树上的花，同时开放，随风飘落，有的花瓣由于风拂帘帷而飘落在厅屋内，留在茵席上；有的花瓣则因篱笆的遮挡而掉进粪坑中。殿下您就是留在茵席上的花瓣，而我则是落于粪坑中的花瓣。

贵贱虽然不同，但哪有什么因果报应呢?”萧子良无法驳倒范缜这番有理有据的答辩，一时说不上话来。

经过这一次交锋，范缜觉得有必要将自己无神论的观点加以系统的阐述，于是就写出了著名的《神灭论》。他以犀利的笔锋，形象的比喻，简明扼要地概括了无神论与有神论争论的核心问题，即形与神之间的关系，激烈地批评了有神论的荒谬。

《神灭论》首先提出了“形神相即”的观点。他说：“形即神也，神即形也。”所谓“形”就是形体，“神”就是精神，“即”就是密不可分。范缜认为，精神与形体是不可分离的，形体存在，精神才能存在；形体衰亡，精神也就归于消灭。在范缜看来，形体和精神是既有区别又有联系的不能分离的统一体。接着，他进一步提出了“形质神用”的著名论点，认为形体是精神的质体，精神是形体的作用，两者不能分离。范缜又对“质”和“用”的范畴也给予了深入浅出的论证。他提出，不同的“质”有不同的“用”，而且精神作用只是活人的特有属性，宣扬佛教的人以树木和人为例，说人和树木是同一质体，但人有知觉，树木则没有，可见树木只有一种性质，人有两种性质，所以人的精神可以离开形体而独立存在。范缜反驳说：“人的质是有知觉的质，树木的质是没有知觉的质。人的质不同于木的质，木的质也不同于人的质。所以，质

范缜像

的不同，决定了人的“有知”和木的“无知”，即特定的质体具有其特定的作用，不可混为一谈。同时，范缜还从发展、变化的观点阐述了质与用、形与神之间不可分割的关系。他驳斥了佛教徒对“生形”与“死形”、“荣木”与“枯木”之间区别的故意混淆，认为人从生到死，木从荣到枯，形体发生了根本的变化，所以质的作用也随之而变化。所以，随着人的死亡，精神活动也停止了。这样，佛教鼓吹的灵魂不死的谬说，即“神不灭论”便不攻自破了。

范缜不仅指出了“用”随“质”变，而且辩证地认为物体的变化有其内在的规律性。如人的生死，必是先生后死；木的荣枯，必是先荣后枯，顺序不可颠倒。他还认为，事物的变化有突变和渐变两种形式，并且认为突变和渐变是客观事物自身的发展规律。范缜在神灭论的最后部分，则是无情地揭露了佛教的欺骗性和对社会的严重危害。他认为，要想使人民昌盛，国家强大，君主必须要灭佛。

当然，由于受时代以及其所属阶级的局限，范缜的思想是有缺陷的。例如把“圣人”视为生来就具有特殊的体质，因而具有“圣人之神”，而“凡人之形”则决定了“凡人之神”，从而陷入到物质结构的机械论。另外，他又以儒家的宿命论和天性论，以及儒家经典中的神道设教的学说，去反对佛教，即用唯心主义去反对唯心主义，难免在某些问题上缺乏说服力。以当时的历史发展条件来说，这也是无法避免的，我们不能因此而否定了范缜和《神灭论》的历史功绩。

三、道教的演变和发展

南北朝时期的道教，继续做着改造和提高的工作，基本上已经改造成为官方宗教，教理、教义有了进一步的充实提高，完成了向所谓高级宗教的转化，社会影响力也在不断增加。

这时期，加入道教的士大夫更多了，道教徒中具有较高文化水平的人也相对增加，制作道经也有了更多的人手。为了提高道教的影响力，使它更适合统治阶级的口味，以便和佛教相抗衡，出现了几位优秀的宗教改革家。他们的出现促进了道教的发展，使道教完成了由民间道教向官方道教的转变。

陆修静（406—477年），南朝刘宋时期的道士。出身于江南著名士族吴郡陆氏，早年博览儒家经典，后专心学道。陆修静对道教发展的贡献主要有：

（一）制定和完善宗教仪式。他在全面总结道教斋仪的基础上，将道教的众斋法分为九斋十二法，使道教的斋仪基本完备。

（二）整理道经，创造了“三洞”分类法。晋宋之际，新的道经大量出现，而且十分混乱。陆修静对道书进行了整理、鉴别、校正，创造了三洞四辅十二类体系，成为后来各朝代编修道经所沿用的分类法。

（三）创立了南天师道新的宗教组织。

继陆修静之后，南朝又出现了一位道教思想家陶弘景，他也是我国古代有名的化学家和医药学家。陶弘景（456—536年），字通明，出身于江南士族，自幼好道，向往隐居生活。陶弘景博学多才，对儒释道、阴阳五行、山川地理等无不通晓。他对道教的贡献主要有：

（一）总结发展上清派修炼方术，创立茅山宗。

（二）建立起道教神仙的谱系。道教是个多神教，魏晋以来，出现了很多的神灵，纷繁复杂，神仙名号变化不定。陶弘景在《真灵位业图》中，把道教一切神灵都分成等级，排列名次，按照现实世界门第等级，建立起一个等级严格的神仙世界。这是在道教史上第一次构建的神仙系统，对道教史的影响很大。

陶弘景像

（三）吸收儒佛理论，鼓吹三教合流。陶弘景精通儒学，为许多儒家经典作过注。他也敬重佛教，对佛教的理念并不反感。在当时，儒、道、佛三教相互争斗，陶弘景则意图调和三教，兼容包收。他创立的道教就是一种以道教为主体，兼容儒、佛的新宗教。陶弘景也是南朝道教改革中的集大成者。

寇谦之（365—448年），字辅真，是北朝著名的宗教改革家。他出身于秦雍大族，在十八岁就倾心慕道，修习的是张鲁之术。寇谦之改革的主要是民间道教，他将儒家礼法内容和佛教的轮回思想融进道教里面。这样，寇谦之从原始道教中清除了能为农民起义所利用的思想内容，建立起适合统治者需要的新道教，这就是北天师道。北魏太武帝就对寇谦之十分尊重，拜他为天师。寇谦之所创的北天师道，标志着北方道教由民间宗教向官方宗教转化的完成。

附示二

南北朝文学、史学和艺术的成就

一、文学成就

南北朝民歌

南北朝是我国民歌发展的高峰时期。当时这些民间作品，因为主要是由乐府收集，所以也被后人称为“乐府诗”。

南朝的乐府民歌流传下来的有四百八十余首，分为“吴声歌”、“西曲歌”、“神弦歌”三部分。“吴声歌”产生于江南，产生地大约以首都建康为中心，这里是当时的政治、经济、文化中心。其产生的时代大约是从东晋至刘宋文帝时，其中以《子夜歌》最为著名，一共四十二首，是以描写青年女孩的热恋为题材，如“夜长不得眠，明月何灼灼。想闻散唤声，虚应空中诺”形象地描写了一位在夜晚相思出神、情意痴痴的美丽动人的女孩；又如“侬（我）做北辰星，千年无转移。欢行白日心，朝东暮还西”更是写出了一位痴情女子自比北辰之星，表明自己对爱情的坚定。“西曲歌”产生于长江中上游和汉水两岸的城市，年代大约是宋初至梁时期，这一地区在当时属于南朝的西部军事重镇，经济、文化也比较发达。“西曲歌”中，大都描写的是江边的女子与游客的离别之情，如“布帆百余幅，环环在江津。执手双泪落，何时见欢还”深刻形象地描写了女子送行时的深厚感情。“神弦歌”为民间祭歌，数量极少，内容也简单。

可见，南方民歌主要产生于长江中下游的商业城市，多数是反映城市生活，诗歌大都是描写相思和离愁别恨的情歌，诗中的口吻大多是出自女子之口，抒写的感情纯真质朴，与当时的“宫体诗”是截然不同的。在诗歌形式上都是五言四句，对后来唐代五言绝句的发展起到了积极的作用。

北朝民歌有六十多首，一部分是从少数民族的民歌中翻译过来的，一部分是当时迁移到北方的少数民族人用汉语创作的。北朝民歌题材广泛，内容丰富，除情歌外，还有战歌、牧歌，以及反映百姓生活困苦的歌谣。这些民歌具有豪迈奔放、慷慨激昂的风格，艺术价值要比南方民歌高些。北朝民歌中，描写游牧生活的以《敕勒歌》为代表：“敕勒川，阴山下，天似穹庐，笼盖四野。天苍苍，野茫茫，风吹草低见牛羊。”这首民歌原本是鲜卑语，后由汉人用汉语记录下来。这首诗共二十七个字，却写出了草原的空阔无垠、苍茫浑朴，显示了高度的艺术概括力。全诗一气呵成，音调慷慨浑壮，千百年来为人们所喜爱。北朝民歌中最突出的代表作是《木兰诗》，诗中塑造了一位女英雄的形象，她女扮男装，代父从军，十年戎马生涯，身经百战，而未被伙伴识破。胜利归来后，不愿要封官受赏，只想做一个普通的劳动妇女。花木兰淳朴、勇敢、坚强的性格，是中华妇女各种优秀品质的集中表现。《木兰诗》在艺术上成就也很大，它用质朴、明快、生动的语言和诙谐的情调表达出丰富的思想感情。它叙述时有详有略，如只用了四句就勾画出木兰十年军旅生活的一面。全诗大量运用重叠和排比，形成很强的节奏感和音乐性，读起来令人回味无穷。

志人小说《世说新语》

《世说新语》是南北朝时期的一部记述后汉至南朝刘宋王朝人物的杂闻轶事的杂史，由刘宋宗室临川王刘义庆(403—444年)撰写。汉代刘向曾编著过《世说》，但早已消亡了。该书原名也是《世说》，但后人为了与刘向的书相区别，就改名为《世说新书》，大约到宋代以后才改称为现在我们所叫的名称。全书原八卷，刘孝标的注本则分为十卷，现在传下来的都为三卷，分别为德行、言语等三十六门，记述了从汉末到刘宋时期名士贵族的逸闻轶事，主要是有关人物的评论、清谈玄言和机智应对的故事。《隋书·经籍志》把它列入小说。该书所记载的一些事情虽然与史实有些出入，但真实地反映了当时门阀士族的思想风貌，保存了社会、政治、思想、文学、语言等方面的史料，史学价值很高。

《世说新语》依内容可分为德行、言语、政事、文学等三十六类，每类收有若干则故事，全书共一千多则，每则文字长短不一，有的有数行，有的则只有三言两语，从中可看出笔记小说随手而记的特性。内容主要是记载东汉后期到晋宋间的一些名士的言行与轶事。书中所载均属历史上存在的人物，但他们的言论或故事则有一部分出于传闻，不完全符合史实。此书相当多的篇幅是杂采众书而成，如《规箴》、《贤媛》等篇所载的个别西汉人物的故事，就是取自《史记》和《汉书》。其他部分也多采用前人的记载。一些晋宋间人物的故事，如《言语篇》中记载谢灵运和孔淳之的对话等，这些人物与刘义庆虽是同时期但是要比他稍微早些，因此所采用的言行可能就是当时的传闻。

《世说新语》主要记述士人的生活和思想，以及统治阶级的情况，反映了魏晋时期文人的思想和言行，以及上层社会的生活面貌，记载颇为丰富真实，让我们能够了解到当时士人所处的时代状况及社会政治环境，更让我们明确地看到所谓魏晋清谈的风貌。在艺术手法上，《世说新语》善于运用对照、比喻、夸张、描绘等文学手法，所用文字质朴，几如口语，但意味隽永，颇具特色，使这本书保留下许多脍炙人口的名言佳句，文学成就很高。

《世说新语》除了文学欣赏的价值外，人物事迹、文学典故等也多为后世作者引用，对后来的笔记小说影响很大。

文学批评和文学理论

从曹魏建安年间以后，文学艺术出现了空前的繁荣盛况，各种文学形式由发展而趋于成熟，于是文学批评和文学理论也获得了很大的成就。在南朝时期，出现了三部总结性的文学著作，分别是《文心雕龙》、《诗品》、《文选》。

《文心雕龙》，梁刘勰撰写，共五十篇，三万七千字。刘勰（约465—约532年），字彦和，祖籍东莞郡莒县（今属山东省）。永嘉之乱时，他的祖先逃难渡江，以后世代居住在京口（今江苏镇江）。由于家境清贫，刘勰一生都没有结婚，早年入上定林寺依靠名僧僧佑生活。刘勰一生都笃志好学，他深研佛理，又博通儒家经论。《文心雕龙》是作者三十多岁时的作品，后得到了当时文坛领袖沈约的称扬，因此得以名扬天下。

《文心雕龙》共十卷，五十篇，分上、下两部，每部各二十五篇，包括总论、文体论、创作论、批评论四个主要部分。在上部中，从《原道》至《辨骚》的五篇，说的是文学批评体系的根本原则，这是全书的纲领和理论基础；从《明诗》到《书记》的二十篇，讲的是文体的起源和发展，文体的名称和意义，对各个时期具有代表性的文体进行评论，总结各文体的特点，每篇分论一种或两三种文体，可称是文体论。在下部中，从《神思》到《物色》的二十篇，写的是创作应遵循的原则，重点研究有关创作过程中各个方面的问题，是创作论；《时序》、《才略》、《知音》、《程器》等四篇，从不同角度对过去时代的文风、作家的成就提出批评，并对批评方法进行专门探讨，可称是文学史论和批评鉴赏论。下部的这两个部分，是全书的精华所在。最后一篇《序志》，说明自己的创作动机和全书的部署意图。《文心雕龙》从内容上说虽然分为四个方面，但理论观点首尾贯通，各部分之间又互相照应，具有严密的理论体系，是古代文学批评中的佳作。

《文心雕龙》针对的是当时雕章琢句的形式主义文风，强调了要注重文学的社会功能和内容。在这本书中，作者认为文学应该为现实服务，主张先内容后形式，内容应该对形式起主导作用。文学应多反映社会内容，这一点很有社会意义，直接倡导了现实主义文风，对后世文学发展具有巨大的指导意义。

《诗品》是批评五言诗的文学批评名著。作者钟嵘（约468—约518年），南朝梁人，字仲伟，颍川长社（今河南许昌）人。本书大约成于梁天监十二年（513年）之后。

《诗品》，又名《诗评》，其所论范围只限于五言诗。全书共品评了两汉至梁代的诗人一百二十二人，计上品十一人，中品三十九人，下品七十二人。

首先，钟嵘对当时诗歌发展中存在的只求堆砌典故和片面追求声律的不良倾向，提出了尖锐批评。他也坚决反对沈约等人四声八病的主张，认为刻意讲究声病，就损失了诗歌真正的美。对于钟嵘反对过分拘泥于声律，这是完全正确的。但沈约等人对声律的探讨使诗歌格律更为完美，为永明体的出现以及后来律诗的形成创造了条件，而钟嵘一概加以抹杀，就不免有些过头了。

其次，钟嵘在《诗品》中对五言诗的出现，从理论上作了说明。由于《诗经》主要是四言体，而《诗经》在以往又被奉为儒家经典，因此，尽管在魏晋南北朝时期五言诗已经普遍地发展起来，代替了四言诗而成为文坛上诗歌的主要形式，但由于传统的儒家思想影响，理论批评界在诗歌形式问题上还是注重四言而轻视五言。钟嵘在《诗品》中却认为四言诗的形式已经过时，而五言诗却正是方兴未艾，他对五言诗的起源和历史发展作了研究，其中虽有不正确之处，但不乏精到的见解，从而在理论上为五言诗的历史发展开辟了前进的道路。

钟嵘主张写诗要有真情实感，将社会生活作为诗歌的创作来源。他在《诗品》中还比较中肯地概括了一些诗人的独特艺术风格，这在当时是难能可贵的，也开了后世这种批评的风气。但《诗品》也有不足之处，他把作家分为上、中、下三品，并将潘岳、张协置于上品，陶渊明、鲍照列为中品，曹操置于下品，这是不公正的。

《文选》共有三十卷，由梁昭明太子萧统（501—531年）撰写。萧统是梁武帝的长子，因死后谥“昭明”，又称昭明太子，所以此书又叫《昭明文选》。萧统从小喜好读书，文学修养很高，再加上他特殊的身份，因此经常有一大批的文人知识分子围绕在他的身旁。这本书实际就是由他召集了当时著名文人编纂的。

《昭明文选》是我国现存最早的一部诗文总集，选录了自先秦到梁七八百年间的一百三十位作家的作品，按文体分为诗、文、辞赋等三十八类，共七百余篇。选录的作品已经注意到了文学作品与一般学术著作的区别，所以不选《六经》、《诸子》中的文章。萧统对文章的选择标准是：题材、内容要有意义，在形式上必须有语言文采之美。所以在《文选》中辞藻华丽、声律和谐的楚辞、汉赋及六朝骈文等占有比重较多。

梁太子萧统像

这部诗文集大体上包括了先秦至南朝梁代初叶的重要文学作品，反映了各种文体的发展轮廓，保存了重要的资料。因此，问世以来，一直行世不废，最后成为科举者的必读之物，对后世影响很大。

骈文的盛行

骈文是一种要求词句整齐对偶的文体，同时要求注重声韵的和谐和辞藻的华丽。对偶就是把字数相等的两个句子排列在一起，一般都为四字句或六字句。对偶可以说是只有汉语才特有的句式，因为汉语是一种独音体文字，可以字数相等和词义对称，使人读起来音节和谐，觉得铿锵有力。另外，骈文还讲究辞藻的敷设和典故的运用。

南朝宋时的颜延之、谢庄写文章讲究雕琢辞藻并大量引用典故，被世人称为“颜谢”。齐梁之际，是骈文最繁荣的时期，以沈约、谢朓等人为代表的所谓“永明体”，修辞更加工整。沈约创四声八病之说后，使文章更要注意调节声律，句法上力求匀称，有抑扬顿挫之美。南北朝末期，庾信、徐陵的作品被奉为典范。尤其庾信是六朝集大成的作家，他的《哀江南赋序》是十分著名的一篇经典骈文。

但是，由于受时代发展的局限，骈文所追求的形式上的辞藻华丽和对偶工整成为桎梏其发展的枷锁，使骈文大都内容空虚贫乏，没有什么现实意义。

二、史学成就

《后汉书》记载的是东汉的历史，共一百二十卷，其中本纪十卷，列传八十卷，志三十卷，南朝宋范晔所撰写。范晔（398—446年），字蔚宗，祖籍顺阳（今河南淅川县），“永嘉之乱”后移居山阴（今浙江绍兴市），刘宋时期杰出的史学家，后因参与谋迎刘义康为帝的政变，被人告发而被宋文帝处死。

范晔写《后汉书》的目的是因事发论，以正一代得失。明确地提出写史是为政治服务，他可算是历史上的第一人。因此，范晔特别重视史论，这也是《后汉书》的一大特点。他尽量把某一历史现象的发生、发展及其结果描述清楚，从而归纳总结出历史规律。《后汉书》大部分沿袭了《史记》、《汉书》的现成体例，但在成书过程中，范晔则根据东汉历史的具体特点，又有所创新，有所变动。首先，他在帝纪之后添加了皇后纪。因为东汉从和帝开始，连续出现六个太后临朝听政，她们对历史的发展影响很大。把她们的活动写成纪的形式，既名正言顺，又能准确地反映这一时期的政治特点。其次，范晔是第一位在纪传体史书中专为妇女作传的史学家。最为可贵的是，《列女传》所收集的十七位杰出女性，并不都是贞女节妇，还包括并不符合礼教道德标准的才女蔡琰，突破了儒家经典的规范。第三，《后汉书》突出了史论的地位。司马迁、班固和陈寿在他们的著作中都在最后写了一段评语，《史记》称“太史公曰”，《汉书》为“赞”，

《三国志》曰“评”。在《后汉书》中也用了“赞”做史论，而且“赞”的重要性远超前面三书之上，因为范晔不但利用这种形式评论史实，还对某一历史人物或事件进行综述，从几个方面反复地进行分析，对本传起到了题解作用。如从《光武帝纪》到《献帝纪》的赞，概括了东汉建立、发展和衰亡等不同阶段的政治大事。把九首赞合起来看，几乎就是一篇东汉政治史略。

在艺术手法上，《后汉书》十分讲究文采，而且结构严谨，编排有序，如八十列传，大体就是按照时间的先后进行排列的。《后汉书》的严谨主要表现在范晔能够坚持一事不两载的编撰原则，凡是一件事如果与好几个人都相关的话，肯定是见于此而不会在别的地方见到。显示了《后汉书》疏而不漏的特点。在思想进步性上，《后汉书》主要在于勇敢地暴露政治的黑暗，同情和歌颂正义的行为。如在《窦宪传》中就直接对君主滥用权力、糟蹋人力的行为表示了强烈的不满。另外，在《后汉书》里，他猛烈地抨击了佛教的虚妄，表明自己是一个无神论者，这一点在当时是难能可贵的。《后汉书》也因为比较高的艺术成就，而被列入“四史”之中。

三、佛教石窟艺术的成就

南北朝时期，佛教广泛地在中国传播，佛教的石窟文化也开始盛行。公元4世纪以后，在新疆、甘肃、陕西、山西、河南等地，都出现了大量石窟。这些石窟艺术依照当地的地质构造而创建，例如大同云冈、洛阳龙门等地的石窟，由于岩石适宜于雕刻，所以这里的石窟以石雕的方式展现得比较多。敦煌、麦积山等地区的岩石比较松脆，不适宜雕刻，所以这里的石窟以彩塑和壁画为主要表现形式。在众多的佛教石窟中，最为著名的是敦煌、云冈和龙门三大石窟群。

敦煌石窟，位于甘肃省敦煌县东南二十余公里的鸣沙山下，古称莫高窟。这些石窟最早开凿于前秦建元二年(366年)，以后许多朝代都曾经继续修建。现存的四百九十二个洞窟中有三十余个为十六国、北朝所建。洞内佛像大多数是泥塑，洞壁是大型彩绘，非常美观。有人统计说，塑像有两千一百多尊，壁画有四万余平方米。这些塑像和绘画大都取材于佛教的故事，人物形象千姿百态，栩栩如生。

石窟壁画的内容，以“说法图”和“佛本生故事”为主。“说法图”的布局相对简单，一般都是一佛在中间，两菩萨在其左右。所谓“佛本生故事”就是释迦牟尼从降生到成佛所经历的故事等。除了这些之外，也有表现世俗生活的内容，如耕作、射猎、饲养、屠沽等画幅，以及舟车、行旅、宴饮、杂技、游乐、战争等场面。这些壁画不仅具有艺术价

云冈石窟

值，而且也为历史研究者提供了弥足珍贵的资料。

云冈石窟位于山西大同市西郊武州山北崖，最早开凿于北魏文成帝兴安年间(452—453年)。现在存留下来的洞窟有五十三个，东西绵延约一公里，壁龛千余，有大小石雕造像十万余尊，最大的高达十七米，最小者仅有几寸高。从佛像雕刻的风格看，云冈石窟既继承和发展了汉代石刻艺术的传统，也受到了外来艺术的影响。

龙门石窟位于河南省洛阳市南郊十三公里的伊水两岸的龙门山和香山上。二山在古时候被称做“伊阙”，所以龙门石窟又称“伊阙石窟”。这个石窟开凿于北魏孝文帝迁都洛阳前后，现存窟龛有两千一百余个，造像十万余尊，碑刻题记三千六百多品，佛塔四十余座。龙门石窟是北朝时期的石窟，其中最为主要的是孝文帝、文昭皇太后和宣武帝所营造的三大窟，其中以古阳洞与宾阳洞的中洞最为有名。这些石窟都是我国古代艺术的宝库，在世界上享有盛誉，同时也是洛阳著名的旅游景点。

附录三

南北朝的科学技术成就

一、数学家祖冲之与圆周率

祖冲之（429—500年）是南北朝时期杰出的数学家、天文学家和机械发明家，也是我国古代最著名的数学家。他字文远，范阳郡遒县（今河北涞源）人，刘宋元嘉六年（429年）生于建康。祖冲之的曾祖父是祖台之，曾在东晋时期任侍中、光禄大夫等要职；祖父祖昌曾任刘宋大匠卿，是主管土木工程的官员；父亲祖朔之为奉朝请，学识非常渊博，很受当时人们的敬重。可以看出，祖氏家庭的历代成员都有较高的科学素养，大都对数学和天文历法有所研究，这对祖冲之的学习和发展提供了很大的帮助。祖冲之自幼受到科学气氛的熏陶和良好的家庭教育，青年时代曾到华林学省专门从事学术研究。后来也是由于家庭影响而步入仕途，先后在刘宋朝和南齐朝担任南徐州（今江苏镇江一带）从事史、公府参军、娄县（今江苏昆山）令、谒者仆射、长水校尉等官职。任职期间，他曾写过《安边论》等讨论屯田、垦殖等方面的政策的

祖冲之像

政论性文章。到了晚年，齐明帝曾让他巡行四方，兴造大业，以利百姓，但因发生战争而作罢。这时他已是风烛残年，老死将至，不久后即于南齐永元二年（500 年）逝世，享年七十二岁。

祖冲之从很小的时候便对数学和天文学产生了浓厚的兴趣，他大量收集从上古时代起到 6 世纪的各种文献资料，并对其进行了认真的考察。经过深入研究，他终于在数学、天文学和机械制造、交通工具等领域获得许多极有价值的新成果，攀登上了他生活时代的科学技术高峰。

圆周率的计算方法及所得数值的精确度，是古代数学发展的重要标志。而祖冲之在圆周率的计算方面取得的成就，在当时世界上处于领先地位。

中国在西汉以前，一般采用的圆周率是“周三径一”，但是这个数值很不精确，用它进行数学计算会造成很大误差，耽误生产、发展。两汉三国时期，一些科学家采用的圆周率近似值，比起古率“周三径一”的精确度有所提高，但其数值大多是经验结果，也就是根据个人感觉来定，缺少坚实的理论基础。

到了魏晋时期，刘徽对圆周率的推算作出了突出的贡献，他在《九章算术注》中提出了“割圆术”，用圆内接正多边形的周长面积逼近圆的周长和面积，适近的最终结果，正如他所指出的那样：“割之弥细，所失弥少。割之又割，以至于不可割，则与圆合体，而无所失矣。”也就是说，圆内接正多边形的边数愈多，它的周长和面积愈接近圆的周长和面积。

祖冲之在刘徽的基础上，把圆周率推算到更加精确的程度。他继承和发展刘徽的割圆术，“更开密法，以圆径一为一丈，圆周盈数三丈一尺四寸一分五厘九毫二秒七忽，朒数三丈一尺四寸一分五厘九毫二秒六忽，正数在盈朒二限之间。密率，圆径一百一十三，圆周三百五十五。约率，圆径七，周二十二”。确定了圆周率为 3.1415926 和 3.1415927 之间，将数字精确到小数点后第七位，这是当时世界上最先进的科学成果。这个成果比欧洲人求出相同数值早一千多年，被称为“祖率”。

二、郦道元与《水经注》

郦道元，字善长，是北魏范阳郡涿县（今河北涿县）人，生年不详，但后人推算他可能在北魏和平六年（465年）或延兴二年（472年）出生，死于孝昌三年（527年）十月。他是北魏杰出的地理学家。

三国时期的魏人曾写出《水经》一书，记述了河流一百三十七条，郦道元从小就喜爱读此书。另外，他还喜欢读《山海经》、《禹贡》、《周礼·职方》、《汉书·地理志》等地理方面的专著。但是，他觉得这些书写得不够周详和完备，后来他把自已看到的地理现象与古代地理书籍对照，发现地理现象是随时间的流逝而变化发展的。所以他认为如果不把这些变化了的地理现象及时记录下来，后人就无法弄明白。于是他决定选取《水经》为蓝本，为之作注。他以水道为纲，将河流流经地区的古今历史、地理、经济、政治、文化、社会风俗、古迹等作了尽可能详细的描述，从而达到“因水以证地，即地以存古”的目的。这样一来，《水经注》在内容和文字上都大大超过《水经》，河流数目由《水经》的一百三十七条增加到一千二百五十二条，而文字则是《水经》的三十倍之多，达到三十一万多字，成为当时一部内容空前丰富的地理巨著，也是北魏以前中国地理的总结。

郦道元在写作过程中，注意吸收前人和当代人的研究成果。他搜罗不少地图，汇集了大量文献和文物资料。

《水经注》引用书籍多至四百三十七种，还记录了不少汉魏时期的碑刻，这些书和碑刻都借此书得以保存流传。郦道元对所引资料都经过周密分析，对错误之处就加以指正，说明他并不完全迷信古人。

尽管如此，《水经注》也有一些不足之处。由于郦道元没有到过江南，因此记述江南的山川景物主要依据文献，所以有些记载存在不足和失实的情况。此外，由于受到时代的局限，书中有一些神鬼故事和迷信传说。总的说来，《水经注》是一部严密和杰出的科学著作，郦道元是一位杰出的地理学家，对我国古代地理科学作出了重大的贡献。

三、贾思勰与《齐民要术》

贾思勰撰写的《齐民要术》一书，记载了北朝以前我国农业科学技术的发展，是一本总结性的农业著作，同时也是现存最早、最完整的中国古代农学著作。这本书对后世农学的发展影响深远，在世界农业科学技术发展史上占有重要地位。

贾思勰是北魏人，曾在高阳郡(治今山东临淄西北)任过太守，并从事过农业、畜牧业生产的实践工作。《齐民要术》大约在5世纪30年代到40年代之间撰写完成，书中所记主要是北魏统治下的黄河中、下游地区的农业生产技术。

全书共分十卷二十九篇，约十一万字，内容十分丰富，“起自耕农，终于醯醢，资生之业，靡不毕书”。具体内容包括粮食作物、蔬菜、果树、木竹和染料作物的种植，以及家畜、家禽和鱼类的饲养，还有酒类、醋类等的酿造和发酵，食品加工和储藏，以及煮胶和制笔等。其中，还有一些蚕桑、林业、畜牧、水域养殖、农副产品等的加工技术。

这本书比较系统地总结了6世纪以前中国北方劳动人民的农业生产技术和生产经验，也记载了南方及一些域外的许多有实用价值的栽培植物和可食植物。书中对土壤整治、精耕细作、选育良种、防旱保墒、换茬轮种、肥料施用等各个农业生产环节，都详尽地加以介绍，对农业的生产和发展有着很大的指导意义。

附录四

南北朝历代皇帝年表

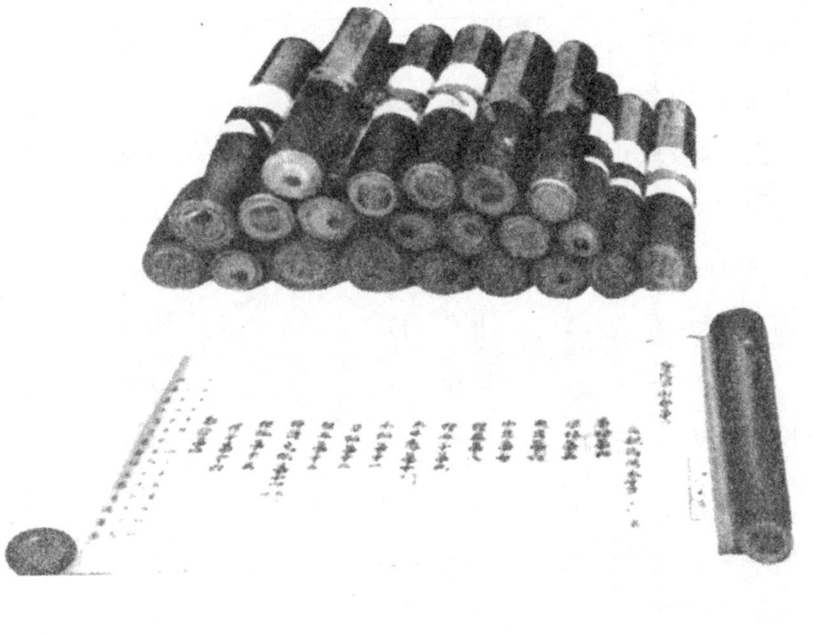

一、南 朝

宋(420—479年)

帝位（姓 名）	年号（使用年数）	即位时间
武帝（刘裕）	永初（3）	420
少帝（~义符）	景平（2）	423
文帝（~义隆）	元嘉（30）	424
孝武帝（~骏）	孝建（3）	454
	大明（8）	457
前废帝（~子业）	永光（1）	465
	景和（1）	465
明帝（~彧）	泰始（7）	465
	泰豫（1）	472
后废帝（~昱）	元徽（5）	473
顺帝（~准）	昇明（3）	477

齐(479—502年)

帝位（姓 名）	年号（使用年数）	即位时间
高帝（萧道成）	建元（4）	479
武帝（~赜）	永明（11）	483
鬱林王（~昭业）	隆昌（1）	494
海陵王（~昭文）	延兴（1）	494
明帝（~鸾）	建武（5）	494
	永泰（1）	498
东昏侯（~宝卷）	永元（3）	499
和帝（~宝融）	中兴（2）	501

梁(502—557年)

帝位（姓 名）	年号（使用年数）	即位时间
武帝（萧衍）	天监（18）	502
	普通（8）	520
	大通（3）	527
	中大通（6）	529
	大同（12）	535
	中大同（2）	546
	太清（3）	547
简文帝（~纲）	大宝（2）	550
元帝（~绎）	承圣（4）	552
敬帝（~方智）	绍泰（2）	555
	太平（2）	556

陈(557—589年)

帝位(姓 名)	年号(使用年数)	即位时间
武帝(陈霸先)	永定(3)	557
文帝(~蒨)	天嘉(7)	560
	天康(1)	566
废帝(~伯宗)	光大(2)	567
宣帝(~顼)	太建(14)	569
后主(~叔宝)	至德(4)	583
	祯明(3)	587

二、北 朝

北魏(386—534年)

帝位（姓 名）	年号（使用年数）	即位时间
道武帝（拓跋珪）	登国（11）	386
	皇始（3）	396
	天兴（7）	398
	天赐（6）	404
明元帝（~嗣）	永兴（5）	409
	神瑞（3）	414
	泰常（8）	416
太武帝（~焘）	始光（5）	424
	神䴥（4）	428
	延和（3）	432
	太延（6）	435
	太平真君（12）	440
	正平（2）	451
南安王（~余）	永平（1）	452

文成帝（～濬）	兴安（3）	452
	兴光（2）	454
	太安（5）	455
	和平（6）	460
献文帝（～弘）	天安（2）	466
	皇兴（5）	467
孝文帝（元宏）	延兴（6）	471
	承明（1）	476
	太和（23）	477
宣武帝（～恪）	景明（4）	500
	正始（5）	504
	永平（5）	508
	延昌（4）	512
孝明帝（～诩）	熙平（3）	516
	神龟（3）	518
	正光（6）	520
	孝昌（3）	525
	武泰（1）	528
孝庄帝（～子攸）	建义（1）	528
	永安（3）	528
长广王（～晔）	建明（2）	530
节闵帝（～恭）	普泰（2）	531
安定王（～朗）	中兴（2）	531
孝武帝（～脩）	太昌（1）	532
	永兴（1）	532

	永熙（3）	532

东魏(534—550年)

帝位（姓 名）	年号（使用年数）	即位时间
孝静帝（元善见）	天平（4）	534
	元象（2）	538
	兴和（4）	539
	武定（8）	543

北齐(550—577年)

帝位（姓 名）	年号（使用年数）	即位时间
文宣帝（高洋）	天保（10）	550
废帝（~殷）	乾明（1）	560
孝昭帝（~演）	皇建（2）	560
武成帝（~湛）	太宁（2）	561
	河清（4）	562
后主（~纬）	天统（5）	565
	武平（7）	570
	隆化（1）	576
幼主（~恒）	承光（1）	577

西魏(535—556年)

帝位（姓 名）	年号（使用年数）	即位时间
文帝（元宝炬）	大统（17）	535
废帝（~钦）	—（3）	552

恭帝（拓跋廓）	—　（3）	554

北周(557—581年)

帝位（姓 名）	年号（使用年数）	即位时间
孝闵帝（宇文觉）	—　（1）	557
明帝（~毓）	—　（3）	557
	武成（2）	559
武帝（~邕）	保定（5）	561
	天和（7）	566
	建德（7）	572
	宣政（1）	578
宣帝（~赟）	大成（1）	579
静帝（~阐）	大象（3）	579
	大定（1）	581